AL Thaahir;
The Evidence, the Outer, the Manifest.
Material Evidence For God's Presence.

AL THAAHIR

SAHAR MAURICE

BALBOA.PRESS
A DIVISION OF HAY HOUSE

Copyright © 2020 Sahar Maurice.

All rights reserved. No part of this book may be used or reproduced by any means, graphic, electronic, or mechanical, including photocopying, recording, taping or by any information storage retrieval system without the written permission of the author except in the case of brief quotations embodied in critical articles and reviews.

Balboa Press books may be ordered through booksellers or by contacting:

Balboa Press
A Division of Hay House
1663 Liberty Drive
Bloomington, IN 47403
www.balboapress.co.uk
UK TFN: 0800 0148647 (Toll Free inside the UK)
UK Local: 02036 956325 (+44 20 3695 6325 from outside the UK)

Because of the dynamic nature of the Internet, any web addresses or links contained in this book may have changed since publication and may no longer be valid. The views expressed in this work are solely those of the author and do not necessarily reflect the views of the publisher, and the publisher hereby disclaims any responsibility for them.

The author of this book does not dispense medical advice or prescribe the use of any technique as a form of treatment for physical, emotional, or medical problems without the advice of a physician, either directly or indirectly. The intent of the author is only to offer information of a general nature to help you in your quest for emotional and spiritual well-being. In the event you use any of the information in this book for yourself, which is your constitutional right, the author and the publisher assume no responsibility for your actions.

Any people depicted in stock imagery provided by Getty Images are models, and such images are being used for illustrative purposes only.
Certain stock imagery © Getty Images.

Print information available on the last page.

ISBN: 978-1-9822-8120-5 (sc)
ISBN: 978-1-9822-8121-2 (e)

Balboa Press rev. date: 06/24/2020

Contents

Preface vii
Acknowledgement xiii
Introduction xv

Chapter 1: Arguments For The Presence 1
Chapter 2: And In Yourselves—Then Will You Not See? 7
Chapter 3: The Hidden Evidence 13
Chapter 4: And On The Earth Are Signs 19
Chapter 5: The Material Evidence 25
Chapter 6: And Everything Has Evidence 31

Bibliography 35
Glossary 37

Preface

The evidence is in my life journey. The life journeys of me and my husband are evidence of God's presence.

Looking back on the thirty years since I initially conducted this research, I see that it was truly a faith journey in God, in His capability to bring things to life from naught. Allah says in his truthful words that He does not waste granting the good to those who have done a good work.

My husband also had a journey in searching God. When he met me in the Red Sea, his plan was to stay only six months over there doing scuba-diving work. Instead, he stayed for six years, returning home to Europe with a wife and a daughter. As that was part of his rewarding part of his decreed rewarding journey to find God. He was able to see me and seek my companionship. His journey was very personal since he started very early to feel that he wanted to quit the church in his hometown in Switzerland. And he did. Being neutral for many years made him good soil ready to accommodate a new faith, a rather rich faith with a rich environment when he lived in Egypt. Living with local workers in the dry dock refurbishing a boat, the Swiss diving boat *Alhambra*, made him see and feel the simplest way of practising the Islamic faith. He was already very attracted to the sounds of the Quran recitation on distant AM channels. That invited him to a deep tranquillity, though he couldn't comprehend the language! And that is what hearing the Quran does. Allah says that one can find mercy in the Quran's recitation.

On the other side, my personal journey started by being eager to conduct this research in my late twenties, though I wasn't practicing Islam fully. But I wanted to know more about my faith. I especially wanted to deliver to my friend (who became my husband later) some facts about Islam. I knew God was supporting me in a way, although I didn't encounter much proof, just some small evidence at the time. I had faith that was driving me, and I had it clearly and deliberately over my fear.

When my husband and I met on the dry dock of the Red Sea Harbour, he rushed over and asked me, "Are you a Reporter?" as he was attracted to the odd appearance of a decent Egyptian female in a rough place like the dry dock of the harbour. That time I was accompanying my employer, who was an architect. He asked me to design some beauty lines on his newly refurbished diving boat. Well, I can see now, after the years have gone by, that yes, indeed, I was a reporter in the matter of fact, as my husband back then had eyes for me in the future! In this book, I share gratitude with him for calling me a Reporter.

When we met again by coincidence after a short while at his diving centre, it was clearer to both is us that this was meant to be. We started dating casually for dinners almost every night. I had never done that before. This was a sign from God to 'carry on'. A proof of His existence, the Helper.

Allah promises to find a way of salvation for those who are righteous towards Him. Faith has been a guaranteed path for me to reach my aspirations.

Now I pay love and gratitude to Allah. As the journey was, in fact, with Allah, even though when it was meant to seek intimacy with my husband. It was the same journey with the Creator of this intimate relationship. He who says that one of His sings is that He created mates for you from yourselves that you may find rest in them, and He puts between us love and compassion where most surly there are signs in this for a people who reflect.

It is a clear way that never fails. Whoever shall seek God, God shall find him.

When my husband and I got married, we had this clear mission and a deal that we would get the best of the mixture between our different cultures. I had the optimism that we were meant to make a new good product that would result in an ideal marriage of cultures. I must admit that it hasn't always been an easy ride in life. Sometimes disappointment slashes our way. Being tolerant and understanding didn't come right away in the middle of situations, but we needed to realise the fact that these situations were just trials that God always sends to us. Through these trials, Allah is giving us the chance to improve and evolve. Allah says, 'Believers, that not to think you are just left alone without trails in this life.

The papers of the research have always been nicely stored. On the other hand, life was open research for me, a practice for some verses I wrote about in my research. My motto is to always *'Faithful though uncomfortable'* keeping in mind that learning through any journey allows you to get closer to Allah.' It is so true that this is where I want to be, knowing for sure that it is a safeguard in life. Moreover, it is a good remedy towards the successful lives we all seek. That was so true for me; I was even doing it unconsciously.

The experience makes me feel as if I am steadily climbing a ladder to a safe place, while keeping the door open for all the ways things might evolve. This was not only on a personal level, but I also worked this towards my family. I am leading a boat, in way. I have my husband and my daughter, who joined us, onboard with me. In the meantime, the presence of Allah was the only way to keep us safe and steady while sailing the boat.

The journey is still going on. Every day there is a chance to get to know God closely, to interpret the meaning of these verses into understanding, and to believe that Allah is the Proxy of all things. We are here on earth to confirm this, as God made us with power to rule and do as much as what we can.

And in every sentence, I can definitely bring a highlight with a verse from the Quran which is as constitution that talks us through everything big or small of our affairs, even the unseen. It is no wonder that this readable material has been presented to us though a 'humble man': Mohammed (PBUH), who was chosen to be the seal of all prophets. This Quran includes all that has been sent before on the majority of the prophets. Hereto tell us in its first word came down with an order tense *"Read", through* the revelations from Allah to Angle Grabrail, then to Prophet Mohammed. What a big message to deliver to humankind from God. As Mohammed (PBUH) was a humble man that he didn't have much of knowledge, yet he presented a miraculous readable marital; the Quran.

Here is where I can confirm the truthful words of God that the Quran is a book that will be guarded and kept safe till the end of the time. Allah sent this book as a miracle that talks to us through the past, confirms the present, and informs us about the future. Even about our affairs in the parallel life of the unseen. Here again, faith shows clear, to believe in the true essence of Allah; the One who we cannot see. This is where it interests each of us to discover a way of seeking and finding God. The Quran is just a message delivered to everyone's hand. You are meant to open and read it as it is for you too. The Quran is for Muslims and non-Muslims alike, that we may have intellect minds to comprehend and lead to the right path. This small book of mine is one of the ways to deliver a reminder.

Our Challenges vary, but we don't have to worry! Your Lord is fair enough saying;

> He is capable of all things
> That even to weigh our deeds with an atom's weight to reward us.
> What else a human would ask for?

This is a legacy that you can be part of it; you can relate to this, or it could be a reflection that leads you to something which will empower and direct you in your path.

Acknowledgement

Thanks to my husband Mark, who helped me all kinds of support for all these years and was the first to read this book raw, thirty years ago.

Thanks to my daughter Nour, whom I admire her support and inspiration, I wouldn't have done this book without her.

Thanks to my brother Alaa, who was a reason for me to conduct this research thirty years ago.

Introduction

The research work I did in the late-1980s was tremendously important for me at the time. I wanted to undertake a mission to have someone I cared about understand my way of life. In the meantime, the work itself actually took over and brought me to a higher journey to visualize how vast what I am trying to explain to others is. The great discoveries included in *Al Thaahir: The Evidence, the Outer, the Manifest, The Material Evidence for the Presence of God*' impressed me personally. This research opened my own eyes to a new perspective on greater, deeper, and further understanding of the Holy Scripture, the Quran.

I am so grateful that I have been given this chance. It is true that God has His own ways to enlighten someone by His endless grace. I start by being grateful for the opportunity that made me deal with one of the best educational centres for the German language, the linguistic services at Goethe Institute in Cairo City. I was already a regular student there, taking German language classes, following my love of the language. Some personal reasons made me always love the sound of the German language. I always listened to AM stations on my radio to hear *Deutsche Wille*, a very serious German-speaking radio channel. I thought of this as good practice for the learning the German language. It ran in the family, so my brother, Alaa, was also a student at the Goethe Institute though he was more advanced.

For me to hear this had a magical, delightful, uplifting effect on me. At the Goethe Institute I have been a student in a classroom named Stuttgart, not realising then that I would later visit this old, nice city in Germany with my future family. In the meantime, conducting and updating the research felt like a challenge which I needed to accomplish with this aspiration of mine. It seemed vague at the time, but I held tight to any positive ambitions. A song that left a magical mark on me is the song by Bobby McFerrin, "Don't Worry Be Happy." Every time the song crosses my ears, it felt like a whisper from God, telling me to hold on and carry on. This song still holds its magical spell on me. It still brings me a ray of faith, optimism, and delight 'haha' whenever God surprises me by allowing me to hear it for whatever challenge I am commencing.

Every girl of my age, in her late-twenties, had the dream to be accomplished in my busy big-city life. In my chosen route, it was easier to reach my goals in life rather than going through lousy competitions.

I must thank my parents for writing this book. They were much admired by me, although they weren't talking directly much to me, they seemed to me so ideal. It is maybe because my father was busying as tutor for university students all his life. In his early teaching years, he wrote a summary booklet to help his medical students get just the core Information they need.

He and my mother told use about their two years living in 'Germany' whilst my father doing his doctorate degree there, I witnessed some photos and painting art work my mother produced there. They were quite religious all their life. Despite their commitment to religion, they never forced on me the idea of the hijab, or the veiling. To my knowledge, this is an essential requirement for women in strict Islamic families or even some Islamic counties. Infect, In the Quran, God asks women to be moderate.

My mother was the Silent Agent, a leader, that she ran the family's financials, and most important, the good happy united family. I related to her in this attitude. That made me have a lot of respect and trust towards her. Not to miss that both my parents were mostly encouraging me to do what I liked doing., and in return, it was almost easy for me to persuade them to approve what I wanted to do. Their energy was-supporting me all the way, giving me a guarded positive energy, to make what I wanted, a reality.

I know that they were deliberately providing our home library with many books,. The shelves were mostly full of all sorts of general knowledge books of all sorts. I recall, small-sized *Reader's Digest* issues, and how their size was attractive to read them. There were many copies of the Holy Quran, big and small. As well as many books on Islamic-related subjects, few of which I read at the time.

I remember the complete manuals on the explanation of the Quran, which I didn't read. They seemed huge encyclopaedia to me. Nonetheless, it might be my older brother, Alaa, who brought home some small and handy books about Islam. I found these handy-sized books more attractive to read. I also recall that he brought the book that I picked up; *The materiel evidence for God's presence:* Quotes from the renowned religion scientist; El Saharawi. I made my serious reading to build my personal reflections and a summery with help of the Quran. It is one of the reasons I decided to publish the book in your hands now in a lightweight, handy-sized version that is easy to read and handle.

Brother Alaa's help to me was indirect. When he was already student in architecture, I was advised by him to choose architecture department in my faculty; Fine Arts. He assured me that he would offer me his help. Funnily enough I recall one only time he helped me in my whole five studying years!

It is my Brother Ayman, who was studying medicine, had a good bunch of friends who provided me with all kind of help, in particular in my architecture course work. Otherwise, a different help brother Alaa had provided me with. He allowed me to accompany him often when he resided in the new evolving city Hurghada on the Red Sea. We often drove through the desert together, I was co-pilot in his car, Niva; a Jeep-like car. A six-hour, one-way drive through the beautiful scenery of the empty western dessert of Egypt to reach Hurghada. A place I fell in love with, and It made me always happy to return to. Hurghada was a very different lifestyle than Cairo. It was so open, so simple, and so free compared to the traditional old city Cairo. Its coastline in the mid-1980s was almost empty. Alaa was there to build an Islamic-style stone villa for his friend's family. His villa design was a pioneering project in his career. It was one of first good buildings on the coastline of Hurghada.

There for me was a good environment to provide the inspirations. I had urge to work there. That lead me eventually to conduct this research. For me, as I was in my late-twenties and newly graduated, I was vaguely stepping into my future with aspirations for a new life to find the superman of my dreams. The speedy rhythm of life was kind of like, "The early bird gets the worm", or the law of the jungle that requires one to be fast and accurate all the time to get what you want. Cairo city life was too busy! I wasn't into reading at that time. There was no time to read fiction nor nonfiction books.

Suddenly, when I found that book that appeared to me easy to handle, I got attracted to its title, and its size. I read it all page after page, then I got a strong urge to research the subject further, until I completed a comprehensive research.

I pay gratitude to God that gives the light to do so. Allah, the Bestower.

My sister, who later moved in with me in the rental studio in Hurghada told me, "that we can reach what we dream of, we can get this, Sahar." I already told her that I met a curious man who was seeking to get me close to him. I pay tribute to my empowering sister, who got me on my way to translate the reflections into a proper German paper. I planned to give this also to Him, and I did.

When translating a research into English, I oblige myself to use the good source for the Holy Scripture translations. A book that I can rely on for best interpreting to the way of God's words have been used as a reference in my research. These sources have been sent down by God in Arabic for a good reason (referring to verses in Quran). I am so grateful that I didn't have go very far away to search for a reliably sourced translation. It is just there, the Book belongs my daughter, paying tribute back to me. Her version of book, the Quran translation I gifted her years before, found me again to tell me, 'You did the right thing, and you deserve now to take back a reward you have invested in' I pride myself that this version of the Quran translation I am using to publish this book is the same one I gave to my daughter in her early growing years. It is translated by M. A. S. Abel Haleem. No wonder why I chose 'Nour', or 'Light', for her name, I was highly inspired then by the light that surrounded our lives as a family. That light made my husband finds God, and when he saw me as his wife.

I have so much respect for all those translators who have given their lives in devotion to study, comprehend, and offer their language exchange to translate the Quran. The word "Quran" means, "the Readable Scripture". The first word came down on Prophet Mohammed came down through the angel Grabrail is the order, "Read." What a big mission to deliver by that chosen prophet, a man who could not read! Mohammed, the Prophet (PBUH), was known by his nobility, good manners, and honesty among his people.

Those translators are other interpreters of God's commandment, to expand Allah's words, His constitution for all of us on this earth. It is a translation to God's message to many nations as possible. Nations don't have Arabic as their language, so they can; Read.

Chapter 1

Arguments For The Presence

Allah provides signs of His presence and majesty within the cosmos. Humans, animals, plants, and even solid objects deliver, through the senses, material and logical evidence for the uniqueness of Allah. Allah lets reason be the first means of understanding. This makes it possible to recognise through the cosmos that a single Creator is there. But because the faculties of reason are limited, humans cannot know logically what the Creators want from us. How can we serve and thank Him? What manner of reward is He preparing for us? How does He reward obedience and punish resistance? Our intellect is not capable of understanding, and that is the reason for the prophetic mission. The messengers of Allah are there to communicate it to us: Why was this universe created? Why were we created? What manner of going about our lives does He require of us? And what kind of reward and punishment is He preparing for us?

The messengers of Allah perform miracles as evidence for the truth of their prophecies. Such wonders are proof enough of the presence of Allah. Nevertheless, this book does not deal with miracles or processes contrary to ordinary experience and the laws of nature, but only with actual matter. Such matter is evidence, allowing us to trust that the invisible is there. Allah creates everything so that the faithful can sense the majesty, wisdom, and goodness of the Creator in His creations. But we only attempt to demonstrate, as the logic of thousands of pieces of evidence show, that there is no God but Allah.

The Creation of the Universe

As the first pieces of material evidence, we must begin with the creations that we can see and touch. Allah-praise Him-created the universe and controls its components. We alone are not able to rule the sun, the earth, the ocean, and the mountains, but Allah has provided them to serve us. The sun cannot rise and set as it wishes. The wind is not free to blow, nor can anything grow freely from the earth. All these forces have been made to serve us. That can only be so from their Creator, from Allah. Humans must demonstrate that they have been created. Nothing in the world can claim that it has created itself or humanity. Therefore, the question of creation is already decided for Allah and cannot be argued using words. But if one thinks that the emergence of the universe is random, we can say that random chance cannot lead to the existence of a universe that has not changed for billions of years.

In the view of some scientists, atoms are very small, invisible, and indivisible particles that make up every material object in the universe. But who created the atom? Nor do they explain that life only begins with a cell. The first cell of water is the result of chemical reactions. But who created this reaction?

Allah Is the Only Creator

This is hidden that Allah alone is the Creator. He told us this in the Quran.

> This is God, your Lord, there is no God but Him, the Creator of all things, so worship Him; He is in charge of everything. (Livestock 6. 102)

Because Allah says that He alone is "the Creator of all things", not only the cosmos, but also the universe, this question includes everything in existence created by Him. We will approach this question in our cosmological approach.

We see, for example, wood collected from trees which can be made into furniture and other items. Where does the tree itself come from? Those who sell it say that it is from Sweden, and the Swedish say, "from the forest."[1] In the forest, they say, "from the nurseries grown from the old trees." The old trees also originate from older ones, and so on, until we find the first tree from which everything new originates, and which Allah Himself created. No one can claim to have done that. This is also the case with the first cotton plant, the first wheat grain, and everything else that grows from the earth. They do not come about by themselves. Their presence depends on the will of Allah.

Furthermore, we can see that the world has pairs of every type of animal, bird, insect, and plant. No one can claim that Allah did not create pairs of all sorts of things. The following Quran verse explains.

> And We created pairs of all things so that you [people] might take note. (Scattering Winds 51. 49)

Though humans have reached the moon and may even reach Mars, they will never create a fly. Allah says to humanity,

> You people, here is an illustration, so listen carefully: those you call on beside God could not, even if they combined all their forces, create a fly, and if a fly took

something away from them, they would not be able to retrieve it. How feeble are the petitioners and how feeble are those they petition! (The Pilgrimage 22. 73)

The transition from not being to be being is impossible for science. But science that, through the works of Allah, sees an "upwards trend" as proof of this. Science is always discovering the secrets of the universe that only Allah knows. This proves the majesty of their Creator. The Quran states,

> This is God, your Lord, there is no God but Him, the Creator of all things, so worship Him; He is in charge of everything. (Livestock 6. 102)

God says,

> It is the Lord of Mercy who taught the Qur'an. He created man. and taught him to communicate. The sun and the moon follow their calculated courses; the plants and trees submit to His designs; He has raised up the sky. He has set the balance. (The Lord of Mercy 55. 1–7)

Therefore, the sun, the moon, the stars, the earth, and all heavenly bodies are made in accordance with Allah's law in order to fulfil their duties within the universe. All these heavenly bodies move precisely in specific celestial spheres with the omnipotence of Allah. The sun does not shine or set one second late. The moon and earth have orbited with the same punctuality for billions of years. The entirety of humanity cannot control that; one cannot deny this. Furthermore, we can observe how research into these areas is supported by the One, the Unique: Allah.

Inanimate Existence and Life

The earth upon which we now exist was originally inanimate. Allah created it with a special top layer. This is the earth's crust, on which humans live and which they have civilised. The earth's crust is also sometimes in a state of unrest, experiencing volcanoes and earthquakes. Science continues to develop, yet humankind remains incapable of predicting when a country will experience an earthquake so that the area to be affected can prepare for it. They are always random, but through the power and wisdom of Allah the Omniscient, certain animals are able to know in advance when there will be an earthquake nearby. What does this mean? Allah is showing us that we have no knowledge outside of that which He has taught us through His ability. Otherwise, researchers could scientifically predetermine when an earthquake is going to occur so that people do not die or are injured in any way.

Allah the Wise allows animals, who cannot think, to do something that He does not allow humans to do, although He distinguishes humankind from His other creations with thought and knowledge. We, not animals who cannot think, die because of earthquakes. Why does Allah make it so? Allah allows humankind to experience this so that they do not one day deify their own abilities, so that they do not say that their era is the era of science and not religion or faith! On the contrary, we should realize that science is in fact divine grace. We must always conduct research in order to know more. And when Allah the Boundless increases our knowledge, we say, "Praise be Allah!"

Chapter 2

And In Yourselves—Then Will You Not See?

Allah the Fashioner says,

> and in yourselves too, do you not see? (Scattering [Winds] 51. 21)

This miracle, which is revealed in humankind, is presented by this Quran verse as irrefutable proof of the existence of Allah. Allah, praise Him, is unseen. The unfaithful say that they only believe in what they see, and they do not believe in that which is hidden to them because they do not see it. Faith is, in the first place, something different than seeing. Faith is in what is hidden. Therefore, one says, "I believe exactly as I see it now!" This means that one has not experienced what happened but only believes with proof and conviction that it really happened. This happens in the soul as well as through the certainty of seeing.

Where Is the Spirit in the Body?

Our souls are in our bodies. Our souls give our bodies life, and on the day of our deaths, they leave us. As such, we are all of us certain that the so-called soul is there. But who of us has seen it? Is it not the case that we do not know what the spirit is and where it is in our bodies? This means that the soul is there but hidden. We demonstrate the soul to ourselves through its vital influences on our bodies. This means that the soul is hidden, but we believe in its presence. This is one of the cosmological proofs of Allah the Hidden, which is logical and cannot be refuted.

The Ability of Humans

The ability of the human body belongs to the extensive power of Allah the Advocate. Look at your body. Can you control the beating of your heart? Can you pause your heart? And if it has stopped, can you make it start working again? Your heart is given small commands, otherwise it could not continue to work while you sleep. Who gives your heart the command to beat less during sleep because you are not moving? Do you also not ask yourself how you breathe while you sleep? How do your stomach and intestines work? How does your blood fight microbes from a wound? Humans do not do these things on their own; they happen with the omnipotence of Allah. He, the Guardian, grants us this grace so that we may work for life and enjoy it.

We can also observe other examples. We see with our eyes, but other people have eyes, but they cannot see. The ability to see is, therefore, granted by Allah. It is the same with the other senses, such as hearing and speaking, as well as the power to move. We may not know that when standing up, muscles play the primary role in the ability to move. But this requires a conversation between them and the brain. This conversation is, however, encrypted by Allah the Evolver, and we cannot understand it.

The Quran says,

> Say, "God, holder of all control, ᵃ You give control to whoever You will and remove it from whoever You will; You elevate whoever You will and humble whoever You will. All that is good lies in Your hand: You have power over everything." (3 The Family of 'Imran 26)

This is true. Humankind has no power over its sorrows and welfare without the will of God. Otherwise, people could never be ill and could live forever. Allah the Bestowal gives purpose to all things. This leads us to believe in the fatality and necessity of the omnipotence of Allah.

In our lives, we say, "We will do that tomorrow." Allah teaches us and says,

> do not say of anything, "I will do that tomorrow," ᵃ without adding: "God willing.", and, whenever you forget, remember your Lord and say, "May my Lord guide me closer to what is right." (18 The Cave 23–24)

We may be capable, but only when Allah wills it so. We cannot control our time and place, and we are not even certain whether we will live one moment longer. Are there not some of us who are healthy but die suddenly because of a blood clot or a heart attack. Those are simply earthly causes for the date of one's death which comes if Allah the Determiner wills it.

> There is a time set for every people: they cannot hasten it, nor, when it comes, will they be able to delay it for a single moment. (7 The Heights 34)

This is mastery over all things in our country in the hands of Allah. If the devil causes you to forget that Allah is all-powerful, try to remember this truth. Can we now not understand why Allah prohibited suicide?

There is no change in the works of Allah. This is the true faith.

> by the soul and how He formed it and inspired it[to know] its own rebellion and piety! The one who purifies his soul succeeds and the one who corrupts it fails. (91 The Sun 7–10)

Thus, Allah creates the soul. The soul is against evil. He, the Creator of existence, gives the soul its godliness which is why we have all been presented with the question of whether He "cleaned" or "soiled" this creation.

The Determination of Identity

It is difficult for us, as humans, to imagine how judgement on the day of reckoning determines the eternal destiny of each person. Allah gives us visible evidence on the earth in order to make this easier. He allows people to distinguish themselves from one another. (Allah's other creations, such as birds and animals, cannot do this because they will not stand judgement.) He gives all of us our own fingerprints as well as a private smell that we, as humans, cannot detect. Only dogs have a special sense of smell. Due to scientific developments, it is now also possible to identify someone through his or her tone of voice and jawline. In this way, Allah the Unique allows us to see that our diversity is one of his signs. Thus, will the question be asked during judgement,

Can man not see that We created him from a drop of fluid? Yet—lo and behold!—he disputes openly, producing arguments against Us forgetting his own creation. He says, "Who can give life back to bones after they have decayed?" Say, "He who created them in the first place will give them life again: He has full knowledge of every act of creation." (36 Ya Sin 77–79)

Is He who created the heavens and earth not able to create the likes of these people? Of course, He is! He is the All Knowing Creator: when He wills something to be, His way is to say, "Be"—and it is! So glory be to Him in whose Hand lies control over all things. It is to Him that you will all be brought back. (Ibid., 81–83)

Chapter 3

The Hidden Evidence

This chapter is not meant to handle the question of invisibility. Rather, we attempt to demonstrate with material evidence that which is invisible here with us in the universe and that which we cannot see plays a role in life. This leads us to believe in the presence of the invisible, things such as angels, life after death, paradise, and hell.

Microbes are creatures that attack human beings in the form of disease. They have always been here, but we have only discovered them recently. Scientific development has allowed us to view these microbes through electronic microscopes. These lifeforms can move and multiply, enter our bloodstream, and attack our blood cells. This is an entirely different world which we had never seen before. It was "invisible" but nonetheless there, playing a role in life. In the beginning, we thought that disease was nothing less than evil spirits that lived in human bodies. Because of this, the sick were beaten, and parts of their bodies were burned so that the evil spirits would go away. But we now have material evidence for what previously stood before us unseen.

When we consider the universe again, we find yet more evidence for the invisible created by Allah the Hidden on the earth. We already have satellites and television, but we did not previously know that we could transmit everything happening in the world via moving pictures with radio; we were able to watch remotely as man stepped onto the moon. Here the question again arises whether we, in order to achieve this, changed something in the atmosphere. Whether we used materials that do not exist on our world in order to create the satellites. Certainly not! Everything is there but only recently discovered by us. And Allah allowed this in order to give us proof that there is still something hidden there. Allah the Witness says,

> We shall show them Our signs on the far horizons and in themselves, until it becomes clear to them that it is the Truth. Is it not enough that your Lord witnesses everything. (41 [Verses] Made Clear 53)

Human Life as Evidence of the Invisible

Through the development of human life, God shows evidence of the existence of the invisible. He, the Unmanifest, gives humans alone the ability to have and to develop a different cultural heritage from each other. Allah, as the Owner of Sovereignty, has other creations, such as plants and animals, which cannot do the same. This explains the benefit of human intelligence. Scientific development has known no bounds; what is invisible to one generation will be reached by the next generation. An example of this could be the fact that today's computer will soon be nothing new to the new generation. This is the way in which He, the Expediter, guides generations to new knowledge on earth. But why does Allah give humanity alone this advantage of being able to develop?

Fundamentally, we are created free and can believe or not believe. God the Benefactor gives us the ability to always know more. More precisely, to discover something more of what existence is and that we did not see previously. For this reason, we believe in the presence of something that is not visible to us but communicated to us by Him, the Guide. In the Quran, Allah the Witness says of this,

> We shall show them Our signs on the far horizons and in themselves, until it becomes clear to them that it is the Truth.(Ibid.)

Allah says,

> The life of this world is like this: rain that We send down from the sky is absorbed by the plants of the earth, from which humans and animals eat. But when the earth has taken on its finest appearance, and adorns itself, and its people think they have power over it, then the fate We commanded comes to it, by night or by day, and We reduce it to stubble, as if it had not flourished just the day before. This is the way We explain the revelations for those who reflect. (10 Jonah 24)

Thus, through the consideration of human life, when people know more about the laws of the universe, with the help of Allah, they believe that they have power over the earth. Then at some point, Allah will change all the laws on the day everything becomes a loose pile of sand as the hour rises. Allah says,

> They ask you [Prophet] about the Hour, "When will it arrive?" Say, "My Lord alone has knowledge of it: He alone will reveal when its time will come, a time that is momentous [b] in both the heavens and earth. All too

suddenly it will come upon you." They ask you about it as if you were eager [to find out]. Say, "God alone has knowledge of [when it will come], though most people do not realize it." (7 The Heights 187)

If Allah speaks on what is invisible to us concerning the "hour", we must believe. We will not be able to assert that it is invisible to us because all the evidence for it is in the universe before us. Such evidence is our guide to faith and not to heathenism.

Chapter 4

And On The Earth Are Signs

So many signs of God, Allah, stand before us: the mountains, the ocean floor, the secret depths of the earth, and the atmosphere. Consider these signs! Plants that grow in rocks are so strong that they have already broken through the rock, yet we can pick them by hand.

There are many more such signs on the earth whose discovery requires no research with a microscope to know the power of Him the Omnipotent and to find what He says.

Allah the Magnificent says,

> Read! In the name of your Lord who created: He created man ᶜ from a clinging form. Read! Your Lord is the most Bountiful One, who taught by the pen, who taught man what he did not know. (96 The Clinging Form 1–5)

That is a divine command to know. But the separation of religion and science is the problem. The reason for this was the conflict between the church and science that lasted for more than two centuries. Touching on the Torah, the church was against science because the tree from which Adam ate an apple was the Tree of Knowledge of Good and Evil. This act let Adam know much more and was the reason for his expulsion from paradise. Such flawed ideas led to this conflict between the church and science in the fifteenth century. During this conflict, Galileo Galilee (1564–1642) was first condemned to silence by the Inquisition in two proceedings. He was ordered by torture to retract his claims, and then detained in custody or forced detention due to his repeated commitment to the heliocentric world system.

Islam is against this because forbidding this apple is nothing but a test, for although Allah the All-Aware forbids Adam and Eve to eat from this tree and tells them that the devil is their sworn enemy, they succumb to the seductive powers of the devil and are expelled from paradise. Humankind and the devil live on the earth as enemies to this very day. In the Quran we read,

> "But you and your wife, Adam, live in the Garden. Both of you eat whatever you like, but do not go near this tree or you will become wrongdoers." Satan whispered to them so as to expose their nakedness, [b] which had been hidden from them: he said, "Your Lord only forbade you this tree to prevent you becoming angels or immortals," and he swore to them, "I am giving you sincere advice"—he lured them with lies. Their nakedness became exposed to them when they had eaten from the tree: they began to put together leaves from the Garden to cover themselves. Their Lord called to them, "Did I not forbid you to approach that tree? Did I not warn you that Satan was your sworn enemy? They replied, "Our Lord, we have wronged our souls: if You do not forgive us and have mercy, we shall be lost." He said," All of you get out! You are each other's enemies [a]. On earth you will have a place to stay and livelihood—for a time". He said,

"There you will live; there you will die; from there you will be brought out." (7 The Heights 19–25)

"Allah teaches man that which he did not know." This leads us to the scientific content of the Quran. This Holy Book contains many lessons that underlie the latest scientific findings and achievements, and whose validity has only been recognised in recent years by science in some cases. For example, let us read the following Quran verse.

> We made the night and day as two signs, then darkened the night and made the daylight for seeing, for you to seek your Lord's bounty and to know how to count the years and calculate. We have explained everything in detail. (17 The Night Journey 12)

This Quran verse literally says that "the day sees". But who sees, the day or the eye? We know that the eye sees by itself. But the scientific truth is that sunlight radiates off objects, and then the beam of light enters the eye. This is how the eye sees such things. Light also enables the eye to see. And this is what this exact verse says. It was published when humans knew nothing of this. If this Quran was not the word of God the Light, Mohammed alone could never have said that because it could change later.

This is also some of 'The Evidence' for the mission.

The Spherical Shape of the Earth

The word of God is in the Quran. Reading the Quran is a form of divine worship, even today. The words of God are not changed because God promises to watch over them.

> We have sent down the Qur'an Ourself, and We Ourself will guard it. (15 Al Hijr 9)

This means that what is in the Quran will never be contrary to cosmological truths. But misunderstandings of a single Quran verse, or the incorrectness of some modern scientific findings, sometimes lead to a clash. We will give an example of this.

Allah the Indulgent says,

> As for the earth, We have spread it out, set firm mountains on it, and made everything grow there in due balance. (Ibid. 19)

"Spread" means "expand", and when we understand that the earth is expansive, we come to a conflict as we were able to see the earth rotate with the help of spaceships. But Allah says in this verse, "And the earth—We have spread it," meaning expanded it. And when one stands anywhere on earth (on the equator, the South or North Pole, and in America, Europe, or Asia), one can see the expansiveness of the earth. Logic dictates that can only happen when the earth has a spherical shape. If the earth were a sort of relief triangle, relief hexagon, or anything else, one could reach its overlapping edge and no longer see it. This is why the earth seems to us to be expanded in the Quran, firstly, because we see it that way, and secondly, because it is there as evidence of its spherical shape. This is one of the infallible scientific and linguistic proofs for the miraculous nature of the Quran.

Many other Quran verses also prove the spherical shape of the earth. They include,

> The sun cannot overtake the moon, nor can the night outrun the day: each floats in [its own] orbit. (36 Ya Sin 40)

This means that the sun cannot reach the moon on the earth, and the night cannot overtake the day. Day and night, therefore, do not meet on earth because the earth has a spherical shape. Therefore, one half of the earth is always bright and the other dark.

Going upon the Earth

The miraculous nature of creation is shown by other Quran verses, giving us precise reports on the secrets of the heavens and the earth. For example, let us read the verse,

> Say, "Travel throughout the earth and see what fate befell those who rejected the truth." (6 Livestock 11)

This verse states literally that we travel in, not *on*, the earth. This raises the question of why the wrong preposition—"in"—is used instead of "on"! It is a scientific fact that we travel within the earth because the earth has an atmosphere. We can only see the spherical shape of the earth when we leave the atmosphere. Aircraft then fly "in the earth", but spaceships can leave the atmosphere. This is explained properly by the Quran verse.

Chapter 5

The Material Evidence

This chapter presents several points relating to a series of conferences titled "The Scientific Divine Nature of the Holy Quran" held in several Muslim countries. We look at several examples from the works of participating researchers who are not Muslims and draw no relationship between religion and science. It is also worth mentioning that all such reports and research (film and cassette) are recorded.

The Embryo

What the world has recently (just in the twentieth century) discovered about embryo development has already been in the Quran for fourteen centuries. At the time, nobody in the world knew anything about the embryo, but they read the following words of the Creator in the Quran:

> We created man from an essence of clay, then We placed him as a drop of fluid in a safe place, then We made that drop into a clinging form, and We made that form into a lump of flesh, and We made that lump into bones, and We clothed those bones with flesh and later We made

him into other forms ᶜ—glory be to God, the best of creators! (23 The Believers 12–14)

The clay from which man was created has been chemically analysed by researchers. They have discovered that the human body is composed of eighteen elements, including iron, potassium, and magnesium.

At another conference, Canadian professor Keith L Moore spoke about his books on embryology. He is one of the best researchers in this field, the director of the anatomy department at the University of Toronto in Canada, and the director of the American Association of Researchers in Embryology. He also demonstrated the latest instruments of embryonic development, and these are exactly the same as in the Quran verse. When asked if it was possible for the Prophet to know these details of embryonic development, he said, "That is impossible, because we ourselves knew this only at the beginning of the 20th century. Even the steps of this development are not yet as accurately stated as in the Koran verse." He also added that this case is evidence of the prophetic mission of Mohammed. Other Quran verses present the steps of embryonic development, and the findings of new research do not contradict this.

The heavens and the earth have the same origin. Allah the King says,

> Are the disbelievers not aware that the heavens and the earth used to be joined together and that We ripped them apart, that We made every living thing from water? Will they not believe? (21 The Prophets 30)

This verse was presented to one of the most famous geologists attending this conference, Dr Alfred Kroner. He was astonished, not believing that this truth could be in a book dating back fourteen centuries. This had only been discovered a few years before using the most advanced instruments and through complicated and long research in the field of nuclear physics.

After man stepped on the moon's surface, it became clear that the moon's surface had the same elements as the earth's surface. Even the structure of the rocks on the earth's crust is the same as those on the moon's crust. Both therefore share the same origin, and that has been written in the Quran for fourteen centuries. And why not? Those are the words of the Creator.

Mohammed, the Prophet, Allah does not speak from personal opinion. What he says is inspired revelation. Some of the Prophet's traditions are also miraculous, though he was illiterate.

According to one Hadith, nattering speech of Prophet Mohammed,

> The hour rises, only after the Land of the Arabs again receives rivers and meadows.

Dr Kerner was asked, "What scientific truth does this Hadith" have?" He replied, "During the Ice Age, this area, the Land of the Arabs, was rich in rivers and fields." When he was asked if this would ever happen again, he responded, "Yes, according to the findings of scientific research. The second Ice Age has already begun. The first stages have been seen in Europe in recent years with the new freezing winter as well as the snowstorms. Masses of snow in the North Pole have already begun to move slowly to the south. This means that they will always be the Land of the Arabs. It was wonderful in Saudi Arabia fow years ago where it snowed for the first time in many centuries. The temperature there was several degrees below zero." When Dr Kroner was asked who told the Prophet, he answered, "That can only be a revelation from Heaven."

We find the same thing when it comes to the heavens.

Dr Strauch, one of the most famous scientists at NASA (National Aeronautics and Space Administration, the US space agency), also participated in a conference. He reported that many metals are the focus of much laboratory research, but iron presents us with the greatest difficulties. The sun needs four times as much energy to combine the electrons and neutrons in its nucleus of iron. Therefore, iron cannot have been created on earth; it was created elsewhere." The following Quran verse was read for Dr Strauch:

> We also sent iron, with its mighty strength and many uses for mankind. (57 Iron 25)

He responded, "These words cannot be have come from man!"

One also finds miracles in the oceans' depths. It has already been established that the oceans are different from each other in their specific characteristics. Even though two oceans mix, the characteristics of their waters remain firm, such as their salt contents, temperatures, oxygen levels, and their densities and colours. The reason for this is the neutral separation between the two oceans. This is the result of intensive satellite-supported work at many stations on the oceans. This was explained by German professor Schreider. When he heard the following Quran verse,

> He released the two bodies of [fresh and salt] water. They meet, 20 yet there is a barrier between them they do not cross. (55 The Lord of Mercy 19–20)

he thought briefly and said, "That is God's Word."

Deep ocean: Waves over waves, darknesses, one over the other.

One Quran verse states,

> Or like shadows in a deep sea covered by waves upon waves, with clouds above—layer upon layer of darkness—if he holds out his hand, he is scarcely able to see it. The one to whom God gives no light has no light at all. (24 Light 40)

These are new scientific truths as Professor Durgarua explained. As a result of research in the field of ocean geology, for just eighty years, people have been able to dive deep into the ocean using the latest equipment. At 200 metres deep, it is very dark: "Darknesses within an unfathomable sea." The deeper we dive into the sea, the more we see the seven spectral colours disappear, one after the other. At 200 metres deep, the last colour, blue, disappears, and it becomes dark. The verse states, "Darknesses, some of them upon others."

The waves we can see are on the water's surface; the ones we cannot see are in the ocean. The verse states, "Covered by waves, upon which are waves." About this Quran verse, Professor Durgarua said, "Man could not have known that before. Those are the words of God." Is that not evidence that the Creator said this verse? Mohammed was no expert, and nobody in his time knew anything about that. He could not have said that because he did not know himself, and because that might be shown to be false by science later. Those are the words of God, which science demonstrates again and again. In the name of Allah the Merciful, the Compassionate, "We will show them Our signs in the horizons and within themselves."

Chapter 6

And Everything Has Evidence

The Quran is a clear path as well as a miracle. The path is what Allah explains to us for life and worship, and what the life of the Prophet shows. However, this revelation is not the only miracle in this book. Otherwise, there would be nothing new in it. Its eternal miracle is that every generation finds something new in it. The Quran also shows the knowledge and will of God because it contains only a few of His secrets that He wants to explain. So let the beginning of creation, how life persists, and the end of life, or death, remain secrets. We see how God makes and takes life until the resurrection, before eternity begins. But how? We do not know. We only believe.

Allah the All-Knowing only allows us to know what is in the Quran, which he guards to this very day. Allah has protected the Quran against what has happened to other Holy Books. Allah says,

> We have sent down the Qur'an Ourself, and We Ourself will guard it. (15 The Rock 9)

Yes, drink in the mercy of God, The greatest things that one drinks are water and milk. By the power of Allah the Provider, water rains from the sky, and we receive milk from the animals. Allah the Preserver says,

In livestock, too, you have a lesson is a lesson for you—
We give you a drink from the contents of their bellies,
between waste matter and blood, pure milk, sweet to
the drinkers. **(16 The Bees 66)**

We can never make a glass of water or a drop of milk through science without the will of God. The same is true with almost all other drinks, which we cannot produce without the juices of fruits.

The Healing and Omnipotence of Allah

In the Quran, Abraham says, "He who cures me, when I am ill" (26 The Poets 80). But is it not true that the doctor heals us?

It is true that healing only happens with the will of God. The doctors only treat, meaning that the doctor's ability to think, as a human, could also result in errors leading to death. This is governed only by the will of the Creator of all reasons. This does not mean that we should not seek healing and medicine. The Prophet says, "Seek treatment!" And that is true because God allows humans to think, and He made the reasons and methods to use in consideration because humankind has present only a part in its work in this life. But that which has to do with "being" is only due to the will of God the Trustee.

There is evidence for the presence of God everywhere—in the origin of language, of science, of history, and in daily life. Heed the words of Allah:

> the Lord of the Worlds, who created me. It is He who
> guides me; He who gives me food and drink; He who
> cures me when I am ill; He who will make me die and
> then will give me life again; (26 The Poets 77–81)

In the end, the question arises as to whether this book reinforces our faith, our belief in the existence and eternity of the Creator of the heavens and what is in-between. This small share of material evidence can prove the divine nature of the Quran. This is a Quran; meaning of readable message, to all humankind. That Holy Book of God also proves the fact of the prophetic mission of His last Messenger to us all, Mohammed; Peace be upon him.

BIBLIOGRAPHY

Verses of the Qur`an are obtained from "The Qur`an, English Translation and Parallel Arabic Text" by M.A.S. Abdel Haleem, 2004, 2010 and published by Oxford University Press (OUP) under:
ISBN 978-0-19-957071- 3

Glossary

- The Creator: The eleventh name of the ninety-nine names for Allah.
  - The Merciful: The second name of the ninety-nine names for Allah.
  - The One, the Unique: The sixty-fourth name of the ninety-nine names for Allah.
  - The Omnipotent, the All-Able: The sixty-ninth name of the ninety-nine names for Allah.
  - The Boundless, the All-Embracing: The forty-fifth name of the ninety-nine names for Allah.
  - The Fashioner, the Evolver: The twelfth name of the ninety-nine names for Allah.
  - The Hidden, the Inner: The seventy-sixth name of the ninety-nine names for Allah.
  - The Advocate, The Trustee: The fifty-second name of the ninety-nine names for Allah.
  - The Guardian: The sixty-third name of the ninety-nine names for Allah.
  - The Bestower: The sixteenth name of the ninety-nine names for Allah.
  - The Determiner: The seventieth name of the ninety-nine names for Allah.

- The Witness: The fiftieth name of the ninety-nine names for Allah.
- The Owner of all Sovereignty: The eighty-fourth name of the ninety-nine names for Allah.
- The Expediter, He Who Brings Forward: The seventy-first name of the ninety-nine names for Allah.
- The Benefactor, the Source of Good: The ninety-second name of the ninety-nine names for Allah.
- The Guide, the Way: The ninety-fourth name of the ninety-nine names for Allah.

- The Magnificent: The thirty-third name of the ninety-nine names for Allah.
  - The All-Aware: The thirty-first name of the ninety-nine names for Allah.
  - The Indulgent, the Forbearing: The thirty-second name of the ninety-nine names for Allah.
  - The King: The third name of the ninety-nine names for Allah.
  - The Preserver: The thirty-eighth name of the ninety-nine names for Allah.
  - The Provider: The seventeenth name of the ninety-nine names for Allah.
  - The Wise: The forty-sixth name of the ninety-nine names for Allah.
  - The Light: The ninety-third name of the ninety-nine names for Allah.
  - The Compassionate, the Exceedingly Merciful: The second name of the ninety-nine names for Allah.
  - The All-Knowing, the Omniscient: The nineteenth name of the ninety-nine names for Allah.

"Hadith": Arabic for the nattering of the Prophet Mohammed.

AL Thaahir;
die Beweise,
das Äußere,
das Offenbare

AL THAAHIR

SAHAR MAURICE

Inhaltsverzeichnis

Über die Autorin 45
Vorwort 47
Einleitung 53

Kapitel 1: Argumente Für Die Existenz 61
Kapitel 2: Und Auch In Euch Selbst. Wollt Ihr Denn Nicht
 Sehen? 69
Kapitel 3: Der Unsichtbare Beweis 77
Kapitel 4: Und Auf Der Erde Sind Zeichen 83
Kapitel 5: Die Materiellen Beweise 91
Kapitel 6: Und Jedes Ding Hat Einen Beweis 99

Literaturverzeichnis 103
Glossar 105

Über die Autorin

Nachdem sie die große Stadt Kairo hinter sich gelassen hatte, machte sich die Autorin **SAHAR MAURICE** auf den Weg in die neue, aufstrebende Stadt Hurghada, ein Tourismusziel am Roten Meer. In Kairo erwarb sie ihren Abschluss in Architektur und arbeitete für eine Firma, die ein neues Hilton Hotel baute. Eine ungebundene junge Frau in ihren späten Zwanzigern muss nach wie vor Grenzen setzen, zum Beispiel um ihre Würde zu wahren und wichtigen Männern Respekt zu zollen. Solch einer kam nach Hurghada, um ein Projekt zur Rettung des Korallenriffs ins Leben zu rufen. Er verstand, dass Sahars persönliche Grenzen mit Respekt behandelt werden mussten. Sahar verspürte das Bedürfnis, den Koran zu erforschen und die Ergebnisse ihrer Forschungen zu übersetzen. In diesem Buch würdigt sie diese große Chance, die ihr tiefgreifendes Wissen über eine Verbindung zur Höheren Macht bescherte. Nach einer liebevollen Beziehung von sechs Monaten heirateten Sahar und Mark. Damals fragte ihr Bruder Alaa: „Wie kannst Du Menschen vertrauen, die einen anderen Glauben haben als Du?" Wenn sie heute daran zurückdenkt, ist die Antwort klar: Vertrauen findet sich im intellektuellen Diskurs.

Vorwort

Der Beweis liegt in meinem Lebensweg

Der gemeinsame Lebensweg von meinem Mann und mir ist aus sich selbst heraus ein Beweis für die Gegenwart Gottes.

Der Rückblick auf die dreißig Jahre, die vergangen sind, seit ich mit meinen Recherchen begonnen habe, zeigt mir, dass es wahrlich ein Glaubensweg war. Ein Weg im Lichte Seiner Fähigkeit, Dinge aus dem Nichts zum Leben zu erwecken. Gott sagt in seinen wahrhaftigen Worten, dass: 'Er den Lohn der Rechtschaffenen nicht verloren gehen' lässt.

Beginnen möchte ich mit meinem Mann. Auch sein Weg war es, Gott zu suchen. Als wir uns am Roten Meer kennenlernten, hatte er nur wenig länger dort gelebt als ich. Er hatte eigentlich geplant, nur sechs Monate dort zu bleiben und als Taucher zu arbeiten, und doch ergab es sich, dass er ganze sechs Jahre blieb, bevor er nach Europa zurückkehrte, mit einer Frau und einer Tochter. Denn dies war Teil seines vorbestimmten lohnenden Wegs auf der Suche nach Gott. Er war in der Lage, mich zu sehen und er suchte meine Gesellschaft. Sein Weg ist sehr persönlich, da er schon sehr früh merkte, dass er die Kirche in seiner Heimatstadt in der Schweiz hinter sich lassen wollte, und das tat er. Viele Jahre blieb er neutral, was ihn zu einem guten Nährboden für einen neuen Glauben, einen tiefen Glauben in einem reichhaltigen Umfeld machte, als er in Ägypten lebte. Bei seiner täglichen Routine im Umgang mit den einheimischen Arbeitern im Trockendock, als er das Schweizer Tauchboot *Alhambra* überholte, sah und spürte er die einfachste Art der Praktizierung des islamischen Glaubens. Schon früher hatte er sich sehr von den Klängen der Koranrezitation angezogen gefühlt, die er auf Radiokanälen ferner Länder hörte. Sie umfingen ihn mit einer tiefen Ruhe, obwohl er doch die Sprache gar nicht verstehen konnte! Und genau darum geht es, wenn wir den Koran anhören. Gott sagt: 'Man könne Erbarmen in der Koranrezitation finden'.

Mein persönlicher Weg hingegen begann damit, dass ich mich mit Ende zwanzig begierig an diese meine Recherchen machte, obwohl ich den Islam nicht ganz umfassend praktizierte. Ich war jedoch sehr darauf aus, mehr über meinen Glauben zu erfahren und insbesondere meinem Freund, der später mein Mann werden sollte, einige Fakten über den Islam zu präsentieren. Ich wusste, dass Gott mich auf irgendeine Weise unterstützte, wenngleich ich damals, abgesehen von einigen kleinen Zeichen nicht viele Beweise fand. Ich hatte diesen Glauben, der mich antrieb, und ich setzte ihn ganz bewusst gegen meine Angst ein.

Als mein Mann und ich uns im Trockendock im Hafen am Roten Meer kennenlernten, kam er schnell auf mich zu und fragte mich, ob ich Reporterin sei, da er sich von der ungewöhnlichen Erscheinung einer ehrbaren ägyptischen Frau an einem rauen Ort wie dem Trockendock des Hafens angezogen fühlte. Damals begleitete ich meinen Arbeitgeber, der Architekt war, und er bat mich, einige Zierlinien auf sein gerade überholtes Tauchboot zu zeichnen. Nun ja, jetzt nach all den Jahren sehe ich, dass ich tatsächlich eine Reporterin bin, und mein Mann konnte mich damals schon in der Zukunft sehen! Mit diesem Buch danke ich ihm dafür, dass er mich Reporterin nannte.

Als wir uns kurze Zeit später zufällig in seiner Tauchschule wiedertrafen, war uns beiden bereits klar, dass dies so sein sollte, und wir begannen, uns fast jeden Abend ganz zwanglos zum Essen zu verabreden. Das hatte ich nie zuvor getan und es war schon damals wie ein Zeichen von Gott, dass ich auf diesem Weg weitergehen sollte. Ein Beweis für seine Existenz; als Helfer.

Gott verspricht in Seinen wahrhaftigen Worten: 'dass Er einen Weg zur Errettung derjenigen findet, die Ihm gegenüber gerecht sind. Hierzu heißt es Und wer auf Gott vertraut, dem genügt ER'. Der Glaube war für mich schon immer die Garantie dafür, dass sich meine Wünsche erfüllen.

Und nun gebührt meine Liebe und Dankbarkeit Gott. Da ich meinen Weg ja tatsächlich mit Gott ging, war auch der Weg mit meinem Mann selbst in Zeiten, in denen wir uns sehr nahe waren, der Weg mit dem Schöpfer dieser intimen Beziehung. Und es heißt: 'Und unter Seinen Zeichen ist dies, dass Er Gattinnen für euch schuf aus euch selber, auf dass ihr Frieden in ihnen fändet, und Er hat Liebe und Zärtlichkeit zwischen euch gesetzt. Hierin sind wahrlich Zeichen für ein Volk, das nachdenkt.' Dies ist ein klarer Weg, der niemals fehlschlagen wird. Denn wer Gott sucht, den findet Gott.

Als mein Mann und ich heirateten, hatten wir eine klare Vorstellung bzw. vielmehr eine Vereinbarung darüber, dass wir das Beste aus der Mischung unserer unterschiedlichen Kulturen machen würden. Ich war optimistisch, dass wir etwas gutes Neues erschaffen könnten, das zu einer idealen Ehe mit der Kraft zweier Kulturen führen würde. Ich muss zugeben, dass dieses Unterfangen nicht immer ganz leicht war. Zuweilen gab es Enttäuschungen, denn Toleranz und Verständnis waren nicht in jeder Situation immer direkt da, aber wir mussten uns mit diesem Umstand vertraut machen, dem Umstand, dass diese Situationen weitere Prüfungen waren, die Gott uns sandte. Mit diesen Prüfungen gibt Gott uns Gelegenheit, besser zu werden und uns zu entwickeln. Gott sagt: 'Meinen die Menschen, dass sie in Ruhe gelassen werden, nur weil sie sagen:»Wir glauben«, ohne dass sie der Versuchung ausgesetzt werden?'

Die Rechercheunterlagen wurden immer gut aufbewahrt, aber andererseits war das Leben für mich eine offene Erfahrung für mich; die praktische Umsetzung einiger Verse, über die ich während meiner Recherchen schrieb. Mein Motto ist stets „*Gewissenhaft und dennoch unbequem*", wobei ich mir immer dessen bewusst bin, dass ich auf all meinen Wegen lerne, um Gott näherzukommen. Es ist wahr, dass ich genau da bin, wo ich sein will, und ich weiß ganz sicher, dass mich dies im Leben schützt. Zudem unterstützt es mich auf dem Weg zu einem erfolgreichen Leben, nach dem wir alle streben. Das war für mich so voller Wahrheit, dass ich es sogar unbewusst tat.

Die Erfahrung fühlt sich an, als würde ich stetig eine Leiter hin zu einem sicheren Ort erklimmen, während ich gleichzeitig alle Wege verinnerliche, damit die Dinge sich entwickeln können. Das geschah nicht allein auf einer Ebene für mich persönlich, sondern auch für meine Familie. Es ist, als würde ich ein Boot segeln und auch mein Mann und meine Tochter wären gemeinsam mit mir an Bord. Während der gesamten Reise war die Präsenz Gottes der einzige Weg, der uns das Boot sicher und beständig segeln ließ. Und wir segeln immer noch.

Die Reise geht weiter… und jeden Tag gibt es eine neue Chance, Gott näher kennenzulernen, die Bedeutung dieser Verse besser zu verstehen und zu glauben, dass Gott wahrlich der Stellvertreter aller Dinge ist. Wir sind hier auf Erden, um dies zu bekräftigen, denn Gott hat uns die Macht gegeben, uns zu entscheiden und so viel Gutes wie möglich zu tun. Gott zeigte uns den Engeln und sagte: 'Und als dein Herr zu den Engeln sprach: 'Ich werde auf der Erde einen Nachfolger einsetzen'.

Und in jedem Satz kann ich mit einem Vers aus dem Koran eindeutig ein Highlight setzen... es ist kein Wunder, dass uns diese Schrift von einem „bescheidenen Mann" geschenkt wurde. Von Mohammed (Friede sei mit ihm), der zum Siegel der Propheten auserkoren wurde. Der Koran beschließt all das, was uns zuvor durch die große Mehrheit der Propheten geschickt wurde. Dies erfahren wir durch sein erstes Wort in Form der Aufforderung: ‚Lies' durch die Offenbarung Gottes an den Engel Gabriel und durch diesen an den Propheten Mohammed. Gott sagt: 'Lies' Was für eine große Botschaft die Menschheit hier erreichte! Der Prophet Mohammed (Friede sei mit ihm) war ein bescheidener Mann, der nicht sehr gelehrt war, und uns doch wie durch ein Wunder die Schrift, den Koran, brachte. Die Botschaft ist überwältigend in ihrer Bedeutung, die sich an uns alle richtet; Lies!

An dieser Stelle kann ich durch die wahrhaftigen Worte Gottes bestätigen, dass der Koran ein Buch ist, das gehütet und sicher verwahrt wird bis zum Ende der Zeit. Er sagte: 'Wahrlich, Wir Selbst haben diese Ermahnung hinabgesandt, und sicherlich werden Wir ihr Hüter sein'

Der Koran ist ein Wunder, das durch die Vergangenheit zu uns spricht, die Gegenwart bestätigt und uns Auskunft gibt über die Zukunft.

Sogar über unsere Angelegenheiten in der Parallelwelt des Unsichtbaren. Und erneut zeigt der Glaube uns deutlich den Weg, an das wahre Wesen Gottes zu glauben, den Einen, den wir nicht sehen können. Hier entsteht das Interesse eines jeden von uns an einem Weg, um Gott zu suchen und zu finden. Der Koran ist eine Botschaft, die einen jeden erreicht. Auch Du sollst ihn aufschlagen und lesen. Der Koran richtet sich gleichermaßen an Muslime und Nicht-Muslime; er führt uns, die wir den Verstand für den richtigen Weg haben.

Mein kleines Buch ist einer der Wege, um eine Ermahnung zu übermitteln.

Die Herausforderungen sind ganz unterschiedlich, aber wir müssen uns keine Sorgen machen. Euer Herr, der Gerechte sagt: 'Und er hat Macht zu allen Dingen'

Er ist imstande, selbst die kleinsten unserer Taten aufzuwiegen, um uns zu belohnen, und sagt: 'Wer nun Gutes im Gewicht eines Stäubchens tut, wird es sehen'

Was wünscht man sich als Mensch denn mehr?

Dies ist ein Vermächtnis! Und Du kannst Anteil daran haben, indem Du einfach merkst, dass auch Du Dich auf dieses Buch einlassen kannst; es könnte auch Dich zum Nachdenken und damit zu etwas bringen, das Dir Kraft gibt und Dich erleuchtet.

Einleitung

Die Recherchen, die ich Ende der 80er Jahre angestellt habe, waren damals ungemein wichtig für mich. Ich sah es als meine Aufgabe an, jemandem, der mir sehr wichtig war, meine Art zu leben zu vermitteln. Später war es dann die Arbeit selber, die mich auf einen höheren Pfad leitete, auf dem mir bewusst wurde, wie gewaltig das, was ich anderen zu erklären versuche, ist. Die wunderbaren Entdeckungen, die in *Al Thaahir: Die Beweise, das Äußere, das Offenbare, Materielle Beweise für die Existenz Gottes* geschildert sind, beeindruckten mich persönlich sehr. Meine Recherchen öffneten mir die Augen, sodass ich aus einem neuen Blickwinkel ein umfassenderes, tieferes und weitreichenderes Verständnis der Heiligen Schrift, des Koran, erlangte.

Für diese Chance bin ich sehr dankbar. Es ist wahr, dass Gott seine eigenen Wege hat, um die Menschen durch seine unendlich große Gnade zu erleuchten. Zunächst möchte ich für die Möglichkeit danken, mich einem der besten Bildungszentren für die deutsche Sprache anzuschließen und die Sprachdienste des Goethe-Instituts in Kairo in Anspruch zu nehmen. Da ich die Sprache liebe, lernte ich bereits während meines Studiums Deutsch am Goethe-Institut. Aus verschiedenen persönlichen Gründen habe ich den Klang der deutschen Sprache schon immer sehr gemocht. Ich habe früher auf AM immer *Deutsche Welle* gehört, einen sehr seriösen deutschsprachigen Radiosender. Ich hielt das für eine gute

Übung zum Erlernen der deutschen Sprache. Es lag in der Familie, und mein Bruder Alaa war ebenfalls Student am Goethe-Institut. Allerdings war er fortgeschrittener als ich.

Die Sendungen hatten eine magische, wunderbare und erhebende Wirkung auf mich. Der Raum, in dem mein Unterricht am Goethe-Institut stattfand, hieß Stuttgart. Damals wusste ich noch nicht, dass ich diese schöne alte Stadt in Deutschland einmal mit meiner späteren Familie besuchen sollte. Zunächst erlebte ich die Durchführung und die Fortsetzung meiner Recherchen jedoch erst einmal wie eine Herausforderung, der ich gerne gerecht werden wollte. Damals schien der Weg verschwommen, aber ich verfolgte meine Ziele mit Nachdruck. Ein Song, der mich geradezu magisch beeindruckt hat, war der Song „Don't Worry Be Happy" von Bobby McFerrin. Jedes Mal, wenn ich den Song höre, fühlt es sich an, als würde Gott mir ins Ohr flüstern, ich solle meinen Weg fortsetzen. Dieser Song hat seinen magischen Zauber für mich auch heute noch nicht verloren. Immer noch erfüllt er mich mit einer Welle voller Glauben und Optimismus und mit einem freudigen Lachen, wann auch immer Gott mich mit ihm überrascht, ganz gleich, vor welcher Herausforderung ich gerade stehe.

Jede junge Frau meines Alters träumte mit Ende zwanzig davon, sich in ihrem geschäftigen Großstadtleben zu verwirklichen. Auf dem Weg, den ich gewählt habe, war es leichter, meine Ziele im Leben zu erreichen. So musste ich mich keinen unliebsamen Wettbewerben stellen.

Ich danke meinen Eltern für dieses Buch. Ich habe sie sehr bewundert, auch wenn sie nicht sehr viel mit mir sprachen. Sie erschienen mir so vollkommen, was vielleicht daran lag, dass mein Vater sein Leben lang Dozent an der Universität war. Zu Beginn seiner Lehrtätigkeit schrieb er eine Zusammenfassung, die seinen Medizinstudenten genau die Kerninformationen an die Hand geben sollte, die sie benötigten.

Er und meine Mutter erzählten uns von ihrer Zeit in Deutschland, wo sie zwei Jahre verbrachten, als mein Vater dort promovierte. Ich habe Fotos und Gemälde meiner Mutter gesehen, die aus dieser Zeit stammen. Meine Eltern waren zeitlebens sehr religiös. Trotz ihrer Hingabe zur Religion haben sie mich nie gedrängt, den Hidschab zu tragen oder mich zu verschleiern.

Meine Mutter agierte im Hintergrund. Sie hielt die Fäden in der Hand und kümmerte sich um die Finanzen der Familie. Am wichtigsten ist jedoch, dass sie die Familie zusammenhielt. In dieser Haltung identifiziere ich mich mit ihr. Ich hatte großen Respekt vor ihr und war voller Vertrauen zu ihr. Unbedingt zu erwähnen ist auch, dass meine Eltern mich beide zumeist ermutigten zu tun, was ich gerne tat, sodass es im Gegenzug nahezu leicht für mich war, ihre Zustimmung zu dem einzuholen, was ich tun wollte. Durch ihre Unterstützung erfüllten sie mich behutsam mit einer positiven Energie, die das, was ich wollte, Realität werden ließ.

Ich weiß, dass sie unsere Bibliothek zu Hause ganz bewusst mit vielen Büchern ausstatteten. Die Regale waren größtenteils mit allen Arten von allgemeinbildenden Büchern gefüllt. Ich erinnere mich gut an kleinformatige *Reader's Digest*-Ausgaben. Es gab viele Exemplare des Heiligen Koran, große und kleine. Es gab viele Bücher über Themen im Zusammenhang mit dem Islam, von denen ich einige las. Ich erinnere mich an die vollständige Reihe der Erläuterungen zum Koran, die ich nicht las!

Sie kamen mir vor wie ein Lexikon. Gleichwohl war es möglicherweise mein älterer Bruder Alaa, der einige kleine und handliche Bücher über den Islam mit nach Hause brachte. Ich fand es verlockender, diese handlichen Bücher zu lesen. Ich weiß auch noch, dass er es war, der das Buch mitbrachte, das ich auswählte: *Der materielle Beweis für die Existenz Gottes* von dem renommierten Religionswissenschaftler El Saharawi. Dieses Buch las ich ernsthaft und es veranlasste mich dazu, meine persönlichen Gedanken über den Koran zu festigen und zusammenzufassen.

Alaa half mir auf seine Weise. Er studierte bereits Architektur an der Universität, als er mir zur Wahl des Fachs Architektur an der Fakultät der schönen Künste riet. Er versicherte mir, dass er mir helfen würde. Ja, in der Tat. Seltsamerweise erinnere ich mich daran, dass er mir in den fünf Jahren meines Studiums nur bei einem meiner Projekte wirklich half!

Mein Bruder Ayman, der Medizin studierte, hatte Freunde, die mir auf unterschiedlichste Art und Weise, insbesondere aber in meinem Architekturkurs, halfen. Diese Hilfe war eine andere als die meines Bruders Alaa.

Ansonsten erinnere ich mich an eine andere Art der Hilfe, die ich von ihm erhielt. Er erlaubte mir oft, ihn zu begleiten, als er in der aufstrebenden Stadt Hurghada am Roten Meer wohnte. Wir fuhren oft gemeinsam durch die Wüste; ich war Beifahrerin in seinem Niva, einem Wagen ähnlich einem Jeep, wenn wir in sechs Stunden, die wir für eine Strecke brauchten, die wunderschöne Landschaft der einsamen Wüste im Westen Ägyptens durchquerten. Als wir in Hurghada ankamen, verliebte ich mich in diese Stadt und kam seither immer wieder gerne dorthin zurück. Hurghada war, was den Lebensstil anbelangte, ganz anders als Kairo. Die Stadt war so offen, so einfach, mit so vielen Freiheiten im Vergleich zu der traditionellen alten Stadt Kairo. Hurghadas Küste war Mitte der 80er Jahre nahezu leer. Alaa sollte für die Familie eines Freundes eine Villa aus Stein im islamischen Stil bauen. Es war ein wegweisendes Projekt in seiner Karriere und die Villa war der Star an der Küste von Hurghada. Sie war eines der ersten soliden Gebäude dort.

Für mich war Hurghada die richtige Umgebung, die mir viele Anregungen bot. Ich musste dort arbeiten und so kam es, dass ich in dieser Zeit meines Lebens mit meinen Recherchen begann. Damals las ich gar nicht gerne. Mit Ende zwanzig kurz nach meinem Abschluss tat ich gerade vorsichtig die ersten Schritte in meine Zukunft mit der Hoffnung auf ein neues Leben mit dem Supermann meiner Träume, den zu finden ich mir erhoffte. Der schnelle Rhythmus des Lebens war in etwa wie „Der frühe Vogel fängt den Wurm" oder das Gesetz des Dschungels, das einen zwingt, fortwährend schnell, forewarned schnell zu sien. um zu bekommen, was man will. Das Kairoer Stadtleben war unglaublich geschäftig! Niemand hatte Zeit, Romane oder Sachbücher zu lesen.

Plötzlich fand ich ein Buch, das mir im Umgang leicht zu sein schien. Ich fühlte mich angezogen von seinem von seinem Teitel. Deise Buch war eines der Bücher, die Alaa mitbrachte. Ich wählte es aus und hatte die zündende Idee, meine persönlichen Gedanken dazu auf Deutsch aufzuschreiben. Ich las Seite um Seite und verspürte auf einmal das dringende Verlangen, weitere Recherchen zu dem Buch anzustellen. Und dann waren meine umfangreichen Recherchen abgeschlossen. Ich danke Gott, dass er mir die Möglichkeit dazu gegeben hat. Allah, der Verleiher.

Meine Schwester, die später zu mir in das gemietete Studio in Hurghada ziehen sollte, fragte mich „Wie kann es sein, dass Du so zuversichtlich bist, dass wir alles erreichen, von dem wir träumen?

Mit Deinem ‚Wir schaffen das, Sahar.'" Ich hatte ihr schon erzählt, dass ich einen neugierigen Mann kennengelernt hatte, der sich um mich bemühte. Ich bin meiner Schwester dankbar dafür, dass sie mich dazu gebracht hat, meine Überlegungen in einer richtigen deutschen Abhandlung aufzuschreiben. Ich beschloss, Gott auch hierfür zu ehren, was ich auch tat.

Heutzutage folge ich stets meiner Verpflichtung zur Nutzung sicherer Quellen, wenn ich ein Buch schreibe, das auf Übersetzungen der Heiligen Schrift fußt. Ein Buch, in dem ich bestmöglich darlegen kann, wie ich mich bei meinen Recherchen auf das Wort Gottes gestützt habe. Diese Quellen hat Gott uns aus gutem Grund auf Arabisch geschickt (womit ich mich auf die Verse des Koran beziehe). Ich bin so dankbar dafür, dass ich nicht lange nach einer verlässlichen Übersetzung suchen musste. Sie ist einfach da und gehört meiner Tochter, die wiederum mir Respekt zollt. Ihre Ausgabe des Buchs, der Übersetzung des Koran, die ich Ihr vor Jahren geschenkt hatte, fand wieder zu mir, um mir zu sagen „Du hast das Richtige getan, und Du verdienst es, für Deine Investition belohnt zu werden." Ich kann mit Stolz sagen, dass diese englische Ausgabe der Koran-Übersetzung, die ich verwende, um dieses Buch zu veröffentlichen, dieselbe ist wie die, die ich meiner Tochter in ihrer frühesten Jugend geschenkt habe, übersetzt von M. A. S. Abel Haleem. Und so verwundert es nicht, dass ich sie „Nour" oder „Licht" genannt habe. Ich war damals in höchstem Maße von dem Licht inspiriert, das unser Leben und unsere Familie umgab. Das Licht, durch das mein Ehemann Gott fand, als er mich zu seiner Frau nahm.

Ich habe so viel Achtung vor all diesen Übersetzern, die sich in ihrem Leben dem Studium und dem Verstehen des Koran hingegeben und ihn in ihre Sprache übersetzt haben. Das Wort „Koran" bedeutet „die lesbare Schrift". Das erste Wort, das der Prophet Mohammed durch den Engel Gabriel empfangen hat, ist das Gebot „Lies". Was für eine Aufgabe für diesen ausgewählten Propheten, einen Mann, der nicht lesen konnte! Der Prophet Mohammed (Friede sei mit ihm) war unter seinen Mitmenschen bekannt für seinen Großmut, seine guten Umgangsformen und seine Ehrlichkeit.

Diese Übersetzer sind weitere Deuter der Gebote Gottes zur Verbreitung seiner Worte, seiner Verfassung für uns alle auf dieser Erde. Durch Übersetzungen gelangt die Botschaft Gottes zu möglichst vielen Menschen, die des Arabischen nicht mächtig sind, damit sie eins tun können: Lesen.

Kapitel 1

Argumente Für Die Existenz

Im Kosmos gibt Allah Zeichen für sein Dasein und seine Majestät. Menschen, Tiere, Pflanzen und selbst solide Gegenstände liefern, durch die Sinne, materielle und logische Beweise für die Einzigartigkeit Allahs. Allah lässt „die Vernunft" das erste Mittel der Erkenntnis sein. Dadurch kann durch den Kosmos erkannt werden, dass ein einziger Schöpfer existiert. Weil aber die Verstandeskraft beschränkt ist, können wir als Menschen nicht „logischerweise" wissen, was der Schöpfer von uns will. Wie können wir ihm dienen und danken? Was für einen Lohn bereitet er uns? Wie belohnt er die Gehorsamkeit und straft den Widerstand? Unsere Vernunft ist nicht fähig, dies zu verstehen, und das ist der Grund für die prophetische Sendung. Die Gesandten Allahs sind da, um uns die Antworten auf folgende Fragen zu übermitteln: Warum wurde dieses Universum erschaffen? Warum wurden wir geschaffen? Welche Lebensart fordert er von uns? Und welchen Lohn und welche Strafe bereitet er uns? Die Gesandten Allahs vollbringen Wunder als Beweise für die Wahrheit ihrer Prophezeiungen. Solche Wunder sind Beweis genug für das Dasein Allahs. Dennoch beschäftigt sich dieses Buch nicht mit Wundern oder Geschehnissen, die der gewöhnlichen Erfahrung und den Naturgesetzen widersprechen, sondern nur mit der konkreten Materie. Solche Materie ist der Beweis, der uns darauf vertrauen lässt, dass das Unsichtbare existiert. Allah erschafft alles, damit die Gläubigen die Pracht, Weisheit und Güte des Schöpfers in seiner Schöpfung erahnen können. Aber wir versuchen nur darzulegen, wie es die Logik von tausenden von Beweisstücken zeigt, dass es keinen Gott außer Allah gibt.

Die Erschaffung des Universums

Als erste materielle Beweise müssen wir mit den Schöpfungswerken beginnen, die wir sehen und berühren können. Allah – gelobt sei er – erschuf das Universum und lenkt seine Bestandteile. Wir allein sind nicht dazu fähig, die Sonne, die Erde, das Meer und die Berge zu beherrschen, aber Gott stellte sie in unseren Dienst. Die Sonne kann nicht beliebig auf- oder untergehen. Der Wind kann nicht ungehemmt wehen und nichts kann nach eigener Laune aus der Erde wachsen. All diese Naturgewalten wurden geschaffen, um uns zu dienen. Dies konnte nur durch ihren Schöpfer geschehen, durch Allah. Der Mensch selber muss beweisen, dass er erschaffen wurde. Nichts auf der Welt kann behaupten, dass es sich selbst oder die Menschheit erschaffen hat. Daher ist die Frage der Schöpfung bereits zugunsten von Allah entschieden und lässt sich nicht mit Worten argumentieren. Ist man aber der Auffassung, dass die Entstehung des Universums zufällig ist, können wir argumentieren, dass ein Universum, das seit Milliarden von Jahren unverändert existiert, nicht durch Zufall hätte entstehen können. Nach Ansicht einiger Wissenschaftler sind Atome sehr kleine, unsichtbare und unteilbare Teilchen, aus denen jedes materielle Objekt im Universum besteht. Aber wer schuf das Atom? Auch erklären sie nicht, dass das Leben erst mit einer Zelle beginnt. Die erste Zelle im Wasser war das Ergebnis chemischer Reaktionen. Aber wer brachte diese Reaktion zustande?

Allah ist der einzige Schöpfer

Es ist verborgen, das Allah allein der Schöpfer ist. Das teilt er uns im Koran mit.

> Das ist eben Gott. euer Herr. Es gibt keinen Gott außer ihm. dem Schöpfer aller Dinge. So dienet Ihm. Er ist Sachwalter über alle Dinge. (6 Das Vieh 102)[1]

Weil Allah sagt, dass er allein der „Schöpfer aller Dinge", also nicht nur des Kosmos, sondern des gesamten Universums ist, umfasst diese Frage alles Existierende, das von ihm geschaffen wurde. Wir werden diese Frage in unseren kosmologischen Ansatz behandeln.

Wir sehen zum Beispiel das aus Bäumen gewonnene Holz, das zu Möbeln und anderen Gegenständen verarbeitet werden kann. Woher kommt der Baum selbst? Die Verkäufer sagen, dass er aus Schweden sei, und die Schweden sagen, er komme aus dem Wald. Im Wald sagt man, dass er aus den Baumschulen komme, die aus den alten Bäumen gewachsen seien. Die alten Bäume stammen selbst von älteren Bäumen ab, und so reicht es zurück bis zum ersten Baum, aus dem alles Neue entstand und den Allah selber schuf. Kein einziger Mensch kann behaupten, dies selbst getan zu haben. Auch bei der ersten Baumwollpflanze, dem ersten Weizenkorn und allem, was aus der Erde wächst ist dies der Fall. Sie entstanden nicht von selbst. Ihr Dasein hängt vom Willen Allahs ab.

Außerdem können wir sehen, dass die Erde Paare von allen Tier-, Vogel-, Insekten- und Pflanzenarten aufweist. Niemand kann

---

[1] Fast alle hier erwähnten Koranverse sind aus der folgenden Version entnommen: Übersetzung von Adel Theodor Khoury, unter Mitwirkung von Muhammad Salim Abdullah, mit Geleitwort von Inamullah Khan, Gütersloh 1987.

behaupten, dass Gott nicht Paare von allerlei Dingen erschaffen habe. Dies erklärt der folgende Koranvers:

> Und von allem haben wir ein Paar erschaffen, auf dass ihr es bedenket. (51 Die aufwirbeln 49)

Obwohl der Mensch den Mond erreicht hat und vielleicht auch den Mars erreichen kann, kann er niemals eine Fliege erschaffen. Das sagt Allah den Menschen:

> O ihr Menschen, ein Gleichnis wird (euch) vorgetragen, so hört darauf. Diejenigen, die ihr anstelle Gottes anruft, können niemals auch nur eine Fliege erschaffen, auch wenn sie sich dafür zusammentun. Und wenn die Fliege ihnen etwas raubte, könnten sie es ihr nicht entreißen. Schwach ist (hier) der, der sucht, und das, was gesucht wird. (22 Die Wallfahrt 73)

Der Wechsel vom Nichtsein zum Sein ist für die Wissenschaft unmöglich. Aber die Wissenschaft, die durch die Werke Gottes einen „Aufwärtstrend" erlebt, ist dafür ein Beweis. Die Wissenschaft erforscht stetig die Geheimnisse des Universums, die nur Allah kennt, und diese sind Beweis für die Pracht ihres Schöpfers. Im Koran heißt es:

> Das ist eben Gott, euer Herr. Es gibt keinen Gott außer ihm, dem Schöpfer aller Dinge. So dienet Ihm. Er ist Sachwalter über alle Dinge. (6 Das Vieh 102)

Gott sagt:

> Der Erbarmer hat den Koran gelehrt. Er hat den Menschen erschaffen. Er hat ihn deutliche Rede gelehrt.

Die Sonne und der Mond laufen nach Berechnung. Der Stern und die Bäume werfen sich nieder. Den Himmel hat Er emporgehoben und die Waage aufgestellt. (55 Der Erbarmer 1-7)

Folglich sind die Sonne, der Mond, die Sterne, die Erde und alle Himmelskörper nach dem göttlichen Gesetz geschaffen worden, um ihre Aufgaben im Universum zu erfüllen. All diese Himmelskörper bewegen sich durch die Allmacht Allahs präzise in bestimmten Himmelssphären. Die Sonne geht ohne auch nur eine Sekunde Verspätung auf und unter. Mond und Erde folgen seit Milliarden von Jahren mit dem gleichen Rhythmus ihren Umlaufbahnen. Man kann nicht umhin, festzustellen, dass selbst die ganze Menschheit das nicht beherrschen kann. Ferner können wir beobachten, wie die Forschung in diesen Bereichen durch den einen, den einzigartigen Allah unterstützt wird.

Die leblose Existenz und das Leben

Die Erde, auf der wir heute leben, war ursprünglich eine leblose Existenz. Allah erschuf sie mit einer besonderen äußersten Schicht, der Erdkruste, auf der die Menschen leben und die sie zivilisiert haben. Diese Erdkruste erlebt mitunter auch Unruhen, Vulkane und Erdbeben. Die Wissenschaft entwickelt sich weiter, und trotzdem kann die Menschheit noch nicht vorhersagen, wann in einem Land ein Erdbeben auftreten wird, damit die betroffene Region sich darauf vorbereiten kann. Erdbeben treten immer zufällig auf, aber durch die Macht und die Weisheit Allahs des Allwissenden haben einige Tiere die Fähigkeit, ein Erdbeben in ihrer Nähe im Voraus zu spüren. Was bedeutet das? Allah zeigt uns, dass wir außer dem, was er uns durch seine Fähigkeiten gelehrt hat, kein Wissen besitzen, sonst könnten Forscher das Auftreten eines Erdbebens wissenschaftlich vorhersagen, damit keine Menschen sterben oder verletzt werden.

Allah der Weise ermöglicht den Tieren, die nicht denken können, etwas, das er den Menschen nicht ermöglicht, obwohl er diese durch das Denkvermögen und das Wissen von seinen anderen Geschöpfen unterscheidet. Wir, und nicht die Tiere, die nicht denken können, sterben durch Erdbeben. Warum lässt Gott dies geschehen? Allah lässt die Menschheit dies erleben, damit sie nicht eines Tages ihre eigenen Fähigkeiten vergöttlichen und damit sie ihr Zeitalter nicht als Zeitalter der Wissenschaft, sondern als Zeitalter der Religion oder des Glaubens bezeichnen. Vielmehr sollen wir uns bewusst werden, dass die Wissenschaft in Wirklichkeit die Gnade Gottes ist. Wir müssen immer weiter nach Erkenntnissen forschen. Und wenn Allah der Allgegenwärtige unser Wissen vertieft, sagen wir: „Gepriesen sei Allah!"

Kapitel 2

Und Auch In Euch Selbst. Wollt Ihr Denn Nicht Sehen?

Allah der Formende spricht:

> Und auch in euch selbst. Wollt ihr denn nicht sehen?
> (51 Die aufwirbeln 21)

Dieses Wunder, welches sich in der Menschheit offenbart, stellt dieser Koranvers als unwiderlegbaren Beweis für das Dasein Allahs dar. Allah, gelobt sei er, ist unsichtbar. Die Ungläubigen sagen, dass sie nur an das glauben, was sie sehen können und daher nicht an das, was ihnen verborgen ist. Der Glaube unterscheidet sich von vornherein vom Sehen. Der Glaube bezieht sich auf das Verborgene. Deswegen sagt man: „Ich glaube daran, genauso wie ich es jetzt sehe!" Das bedeutet, dass man das, was passiert ist, nicht am eigenen Leib erlebt hat, aber basierend auf Beweisen und Überzeugung daran glaubt, dass es passiert ist. Dies geschieht in der Seele genauso wie durch die Sicherheit des Sehens.

Wo ist der Geist im Körper?

Unsere Seelen befinden sich in unseren Körpern. Sie schenken unseren Körpern das Leben und verlassen uns am Tag unseres Todes. Dies vorausgesetzt, sind wir alle überzeugt, dass eine sogenannte Seele existiert. Aber wer von uns hat sie gesehen? Ist es nicht so, dass wir nicht wissen was der menschliche Geist ist und wo er sich in unseren Körpern befindet? Daraus kann geschlossen werden, dass die Seele existiert, aber unsichtbar ist. Die Existenz der Seele beweist sich durch ihren lebensnotwendigen Einfluss auf unsere Körper. Das heißt, dass die Seele unsichtbar ist, aber wir an ihre Existenz glauben. Dies ist einer der logischen, und somit unwiderlegbaren, kosmologischen Beweise für Allah den Verborgenen.

Die Fähigkeiten des Menschen

Die Fähigkeiten des menschlichen Körpers sind Teil der allumfassenden Macht Allahs. Sehen Sie sich mal Ihren Körper an: können Sie Ihren Herzschlag kontrollieren oder gar aussetzen? Können Sie das angehaltene Herz wieder zum Schlagen bringen? Ihr Herz wird ständig mit kleinen Befehlen versorgt, sonst könnte es im Schlaf nicht weiterarbeiten. Wer gibt dem Herz den Befehl, im Schlaf langsamer zu schlafen, da Sie sich nicht bewegen? Fragen Sie sich nicht, wie Sie im Schlaf atmen können? Wie arbeiten der Magen und der Darm? Wie bekämpft das Blut Mikroben, die durch eine Wunde eintreten? Dies alles tut der Mensch nicht selbst, sondern es geschieht durch die Allmacht Allahs. Allah der Beschützer erweist uns diese Gnade, damit wir uns das Leben erarbeiten und es genießen können.

Hierzu können wir auch weitere Beispiele beobachten. Wir sehen mit unseren Augen, aber es gibt auch Menschen mit Augen, die nicht sehen können. Die Fähigkeit des Sehens wird also von Allah gewährt. Bei den anderen Sinnen, wie zum Beispiel dem Hörsinn, ist es das Gleiche, und auch bei der Fähigkeit zu Sprechen und dem Bewegungsvermögen. Wenn wir aufrecht stehen, sind wir sind uns nicht immer bewusst, dass die Muskeln bei unserer Bewegungsfähigkeit die Hauptrolle spielen. Dies erfordert einen Signalaustausch zwischen den Muskeln und dem Gehirn. Dieser Austausch ist aber durch Allah den Schaffenden verschlüsselt, daher können wir ihn nicht verstehen. Im Koran heißt es:

> Sprich: O Gott, der Du über die Königsherrschaft verfügst, Du gibst die Königsherrschaft, wem Du willst, und Du nimmst die Königsherrschaft, wem Du willst. Du verleihst Macht, wem Du willst, und Du erniedrigst, wen Du willst. In deiner Hand liegt das Gute. Du hast Macht zu allen Dingen. (3 Das Haus Imrans 26)

Das ist wahr. Ohne Gottes Willen hat die Menschheit keine Macht über ihr eigenes Leid und Wohlergehen. Sonst würden die Menschen nie erkranken und könnten ewig leben. Allah der Geber gibt jedem Ding eine Bestimmung. Dies führt uns zum Glauben an die Unabwendbarkeit und Notwendigkeit der Allmacht Allahs.

Im Alltag sagen wir oft: „Wir kümmern uns morgen darum." Allah lehrt uns und sagt:

> Und sag nicht von einer Sache: «Ich werde dies morgen tun", Es sei denn (du fügst hinzu): «So Gott will." Und gedenke deines Herrn, wenn du es vergessen hast, und sag: «Mein Herr möge mich zu etwas rechtleiten, was

der richtigen Handlungsweise eher entspricht als dies! (10 die Höhle 23-24)

Wir sind vielleicht einer Sache fähig, aber nur wenn Allah es so will. Ort und Zeit können wir nicht kontrollieren und können noch nicht einmal sicher sein, ob wir noch einen Moment länger leben werden. Gibt es nicht die unter uns, die gesund sind, aber plötzlich an einem Blutgerinnsel oder einem Herzinfarkt sterben? Das sind einfach irdische Gründe für den Zeitpunkt unseres Todes, der kommt, wenn Allah der alles Bestimmende es so will.

> Für jede Gemeinschaft ist eine Frist festgesetzt. Und wenn ihre Frist kommt, können sie nicht einmal eine Stunde zurückbleiben oder vorausgehen. (7 Der Bergkamm 34)

So ist die Herrschaft über alle Dinge in unserem Land in der Hand Allahs. Wenn der Teufel Sie vergessen lässt, dass Allah allmächtig ist, so versuchen Sie, sich an diese Wahrheit erinnern. Ist jetzt nicht verständlich, warum Allah uns den Selbstmord verwehrt hat?
Es gibt keine Änderung in der Schöpfung Allahs. Dies ist der wahre Glauben.

> Und der Seele und dem, was sie zurechtformt, Und ihr ihre Lasterhaftigkeit und ihre Frömmigkeit eingibt! Dem wird wohl ergehen, der sie läutert, Und der wird enttäuscht sein, der sie mit Missetaten überdeckt. (91 Die Sonne 7-10)

So schafft Allah die Seele. Die Seele ist ein Gegner des Bösen. Er, der Schöpfer, verleiht der Seele ihre Frömmigkeit. Deswegen stellt sich an jeden von uns die Frage, ob er diese Schöpfung „geläutert" oder „beschmutzt" hat.

Die Bestimmung der Identität

Für uns als Menschen ist es schwer, uns vorzustellen, wie das Gericht am Tag der Abrechnung das ewige Schicksal jedes Menschen bestimmt. Um uns dies zu erleichtern, gibt uns Allah sichtbare Beweise auf Erden. Er lässt die Menschen sich voneinander unterscheiden (die anderen Geschöpfe Allahs, wie Vögel und Tiere, können dies nicht, da sie nicht gerichtet werden). Er gibt jedem von uns eigene Fingerabdrücke und einen eigenen Geruch, den wir als Menschen nicht wahrnehmen können. Solch einen feinen Geruchssinn haben nur Tiere wie Hunde. Dank wissenschaftlicher Erkenntnisse ist es heute auch möglich, einen Menschen über Tonfall oder Kieferpartie zu identifizieren. Auf diese Weise lässt Allah uns erkennen, dass unsere Unterschiedlichkeit eines seiner Zeichen ist. Demnach wird am jüngsten Tage diese Frage gestellt werden:

> Hat denn der Mensch nicht gesehen, dass wir ihn aus einem Tropfen erschaffen haben, und doch ist er ein offenkundiger Widerstreiter. Er führt Uns ein Gleichnis an und vergißt, daß er erschaffen ist. Er sagt: «Wer macht diese Gebeine wieder lebendig, wenn sie auseinandergefallen sind?" Sprich: Wieder lebendig macht sie der, der sie das erste Mal hat entstehen lassen. Und Er weiß über alle Geschöpfe Bescheid. (36 Ya-Sin 77-79)

Hat nicht der, der die Himmel und die Erde erschaffen hat, auch Macht, ihresgleichen zu erschaffen? Ja doch. Und Er ist der, der alles erschafft und Bescheid weiß. Sein Befehl, wenn Er etwas will, ist, dazu nur zu sagen: Sei!, und es ist. Preis sei dem, in dessen Hand die Herrschaft über alle Dinge ist und zu dem ihr zurückgebracht werdet! (ebenda 81-83)

Kapitel 3

Der Unsichtbare Beweis

Die Frage der Unsichtbarkeit wird in diesem Kapitel nicht behandelt, vielmehr versuchen wir mit materiellen Beweisen zu zeigen, dass das, was in unserem Universum unsichtbar ist und das, was wir nicht sehen können, eine Rolle in unserem Leben spielt. Dies veranlasst uns, an die Existenz des Unsichtbaren zu glauben, zum Beispiel an Engel, das Leben nach dem Tode, das Paradies und die Hölle.

Mikroben sind Lebewesen, die Menschen in Form von Krankheiten angreifen. Sie haben schon immer existiert, aber wurden erst vor kurzer Zeit von uns entdeckt. Dank wissenschaftlicher Erkenntnisse können wir diese Mikroben mithilfe von Elektronenmikroskopen sehen. Diese Lebewesen können sich bewegen und vermehren, in die Blutbahn gelangen und dort unsere Blutkörperchen angreifen. Das ist eine ganz andere Welt, die uns vorher verborgen war. Sie war unsichtbar, existierte aber trotzdem und spielte eine Rolle im Leben. Anfangs dachte man, dass Krankheiten durch böse Geister ausgelöst wurden, die im Körper des Menschen lebten. Deswegen wurden Kranke geschlagen oder es wurden Körperteile verbrannt, um die Geister zu vertreiben. Aber heute haben wir materielle Beweise für das in der Vergangenheit Unsichtbare.

Betrachten wir erneut das Universum, finden wir weitere Beweise für das von Allah dem Verborgenen geschaffene Unsichtbare auf Erden. Heute haben wir Satelliten und das Fernsehen, aber früher hätten wir nicht begreifen können, dass alles, was auf der Welt passiert, mit bewegten Bildern durch Funk übertragen werden würde. Wir konnten aus der Ferne zusehen, wie der Mensch den Mond betrat. Hier stellt sich die Frage, ob wir, um dies zu erreichen, die Beschaffenheit der Atmosphäre verändert haben oder für die Satellitenkonstruktion Material genutzt haben, das noch nicht auf der Welt existierte. Natürlich nicht! Alles existierte bereits, wurde aber erst vor Kurzem von uns entdeckt. Allah erlaubte uns dies, um zu beweisen, dass es immer noch Unsichtbares auf der Erde gibt. Allah der Zeuge sagt:

> Wir werden sie an den Horizonten und in ihnen selbst unsere Zeichen sehen lassen, bis es ihnen deutlich wird, daß es die Wahrheit ist. Genügt es denn nicht, daß dein Herr Zeuge ist über alle Dinge? (41 Im Einzelnen dargelegt 53)

Das menschliche Leben als Beweis für das Unsichtbare

Durch die Entwicklung des menschlichen Lebens gibt Gott einen Beweis für die Existenz des Unsichtbaren. Er, der Verborgene, gibt den Menschen allein die Fähigkeit, verschiedene Kulturen zu entwickeln und ihr vielfältiges Kulturerbe weiterzuführen. Die anderen Geschöpfe Allahs als Inhaber der königlichen Macht, wie Pflanzen und Tiere, können dies nicht tun. So wird der Vorteil der menschlichen Intelligenz erklärt. Die wissenschaftliche Entwicklung den Menschen kennt keine Grenzen, und das Unsichtbare einer Generation wird für die nächste bereits sichtbar. Ein Beispiel für diese Entwicklung ist der Computer, der für die nächste Generation schon nichts Besonderes mehr ist. Auf diese Weise führt er, der Voranstellende, die Generationen der Menschheit an neues Wissen auf Erden heran. Aber warum schenkt Allah der Menschheit allein diesen Vorteil der Entwicklung?

Wir sind grundsätzlich geschaffen, um frei zu sein, und können entscheiden, ob wir glauben oder nicht. Gott der Vorteil gebende gibt uns die Fähigkeit, immer weiter zu lernen. Genauer gesagt: mehr zu entdecken von der Existenz, die uns vorher verborgen war. Aus diesem Grund glauben wir an die Existenz des Unsichtbaren, welches er, der Leitung gebende, uns mitteilt. Im Koran sagt Allah der Zeuge hierzu:

> Wir werden sie an den Horizonten und in ihnen selbst unsere Zeichen sehen lassen, bis es ihnen deutlich wird, daß es die Wahrheit ist. (ebenda)

Allah spricht:

> Mit dem diesseitigen Leben ist es wie mit dem Wasser, das Wir vom. Himmel herabkommen lassen, worauf die Pflanzen der Erde, wie sie die Menschen und das Vieh verzehren, sich damit vermengen. Wenn dann die Erde ihren Prunk angenommen und sich geschmückt hat und ihre Bewohner meinen, sie verfügen nun über sie, kommt unser Befehl über sie in der Nacht oder am Tag, und Wir machen sie zum abgemähten Land, als ob sie am Tag zuvor nicht in Blüte gestanden hätte. So legen Wir die Zeichen im Einzelnen dar für Leute, die nachdenken. (10 Jonas 24)

So sehen wir bei der Betrachtung des menschlichen Lebens, dass die Menschen, wenn sie mithilfe Allahs mehr über die Gesetze des

Universums gelernt haben, glauben, dass sie Macht über die Erde haben. Irgendwann wird Allah all diese Gesetze verändern, an dem Tag, da die Berge ein loser Sandhaufen werden und sich die Stunde erhebt. Allah sagt:

> Sie fragen dich nach der Stunde, wann sie feststehen wird. Sprich: Nur mein Herr weiß über sie Bescheid. Nur Er wird sie zu ihrer Zeit erscheinen lassen. Schwer lastet sie in den Himmeln und auf der Erde. Sie wird euch plötzlich überkommen. Sie fragen dich, als ob du eindringlich um Auskunft über sie bittest. Sprich: Nur Gott weiß über sie Bescheid. Aber die meisten Menschen wissen nicht Bescheid. (7 Der Bergkamm 187)

Wenn Allah in Bezug auf die „Stunde" vom Unsichtbaren spricht, müssen wir glauben, denn wir werden nicht behaupten können, dass es uns unsichtbar sei, weil alle Beweise dafür im Universum existieren. Solche Beweise sind unsere Wegweiser zum Glauben und nicht zum Heidentum.

Kapitel 4

Und Auf Der Erde Sind Zeichen

Vor uns stehen so viele Zeichen Gottes: die Gebirge, der Meeresboden, die geheimen Tiefen der Erde und die Atmosphäre. Achten Sie auf diese Zeichen! Pflanzen, die in Felsspalten wachsen, sind so stark, dass sie Stein durchbrechen können, aber dennoch können wir sie mit der Hand pflücken. Die Erde wartet noch mit vielen anderen Zeichen auf, deren Entdeckung keine Forschung mit dem Mikroskop erfordert, um sich der Macht Allahs, des Kräftigen, bewusst zu werden und das zu erkennen, was er sagt.

Allah der Ruhmvolle spricht:

> Lies im Namen deines Herrn, der erschaffen hat, Den Menschen erschaffen hat aus einem Embryo. Lies. Dein Herr ist der Edelmütigste, Der durch das Schreibrohr gelehrt hat, Den Menschen gelehrt hat, was er nicht wußte. (96 Der Embryo 1-5)

Das ist ein göttliches Gebot des Wissens. Allerdings ist hier die Trennung von Religion und Wissenschaft das Problem. Der Grund dafür war der über zweihundert Jahre andauernde Konflikt zwischen Kirche und Wissenschaft. Laut der Thora stellte sich die Kirche gegen die Wissenschaft, weil der Baum, von dem Adam einen Apfel aß, der Baum der Erkenntnis war. Durch diese Tat erlangte Adam viel mehr Wissen und das war der Grund seiner Vertreibung aus dem Paradies. Solche fehlerhaften Ideen führten zum Konflikt zwischen Kirche und Wissenschaft im 15. Jahrhundert. Während dieser Zeit wurde Galileo Galilei (1564-1642) infolge seines wiederholten Eintretens für das heliozentrische Weltsystem von der Inquisition in zwei Prozessen erst zum Schweigen, dann unter Anordnung der Folter zum Widerruf seiner Behauptungen verurteilt und schließlich in Haft und Zwangsaufenthalt gehalten.

Der Islam stimmt dieser Interpretation nicht zu, da das Verbot des Apfels nichts anderes als eine Prüfung ist. Obwohl Allah der Kundige Adam und Eva verbietet, von diesem Baum zu essen, und ihnen sagt, dass der Teufel ihr geschworener Feind sei, unterliegen sie der Verführungskunst des Teufels und werden daher aus dem Paradies vertrieben. Die Menschheit und der Teufel leben seither als Feinde auf der Erde. Im Koran lesen wir:

> «O Adam, bewohne, du und deine Gattin, das Paradies. Eßt, wo ihr wollt, und nähert euch nicht diesem Baum, sonst gehört ihr zu denen, die Unrecht tun.» Der Satan flüsterte ihnen ein, um ihnen zu zeigen, was ihnen von ihrer Blöße verborgen geblieben war. Und er sagte: «Nur deswegen hat euch euer Herr diesen Baum verboten, damit ihr nicht zu Engeln werdet oder zu denen gehöret, die ewig leben.» Und er schwor ihnen: «Ich bin zu euch einer von denen, die (euch) gut raten.» Er ließ sie durch Betörung abfallen. Und als sie dann von dem Baum gekostet hatten, wurde ihnen ihre Blöße offenbar, und sie begannen, Blätter

des Paradieses über sich zusammenzuheften. Und ihr Herr rief ihnen zu: «Habe ich euch nicht jenen Baum verboten und euch gesagt: Der Satan ist euch ein offenkundiger Feind?» Sie sagten: «Unser Herr, wir haben uns selbst Unrecht getan. Und wenn Du uns nicht vergibst und dich unser erbarmst, werden wir bestimmt zu den Verlierern gehören.» Er sprach: «Geht hinunter. Die einen von euch sind Feinde der anderen. Ihr habt auf der Erde Aufenthalt und Nutznießung auf eine Weile.» Er sprach: «Auf ihr werdet ihr leben, und auf ihr werdet ihr sterben, und aus ihr werdet ihr hervorgebracht werden." (7 Der Bergkamm 19-25)

„Gott gelehrt den Menschen, was er nicht gewusst". Damit kommen wir zu den wissenschaftlichen Inhalten des Koran. Diese Heilige Schrift enthält viele Lehren, die den modernsten wissenschaftlichen Erkenntnissen und Errungenschaften zugrunde liegen und deren Richtigkeit von der Wissenschaft in einigen Fällen erst kürzlich erkannt worden ist. Lesen wir als Beispiel diesen Koranvers:

Und Wir haben die Nacht und den Tag zu zwei Zeichen gemacht. Das Zeichen der Nacht haben Wir gelöscht, und Wir haben das Zeichen des Tages so gemacht, daß man (an ihm) sehen kann, damit ihr nach einer Huld von eurem Herrn strebt, und damit ihr die Zahl der Jahre und die Zeitrechnung wißt. Jedes Ding haben Wir im Einzelnen dargelegt. (17 Die Nachtreise 12)

In diesem Koranvers steht im Arabischen wörtlich, dass „der Tag sieht." Aber wer sieht, der Tag oder das Auge? Wir wissen, dass das Auge von selbst sieht. Aber die wissenschaftliche Wahrheit ist, dass das

Sonnenlicht von Objekten abstrahlt und der Lichtstrahl dann auf das Auge trifft. Auf diese Weise sieht das Auge: das Licht ermöglicht dem Auge das Sehen. Und genau das erklärt dieser Vers. Als er aufgeschrieben wurde, wusste die Menschheit noch nichts von alledem. Wäre der Koran nicht das Wort Gottes, des Lichtes, hätte Mohammed den vorstehenden Vers nie allein verfassen können, denn sonst hätten sich die Tatsachen später verändern können.

Dies ist auch ein Beweis für die prophetische Sendung.

Die Kugelgestalt der Erde

Der Koran enthält das Wort Gottes. Noch heute ist das Lesen des Korans eine Form der göttlichen Anbetung. Die Worte Gottes werden nicht verändert, weil Gott verspricht, sie zu hüten:

> Wir, ja Wir haben die Ermahnung hinabgesandt, und
> Wir werden sie gewiß bewahren. (15 Hidjr 9)

Dies bedeutet, dass der Inhalt des Korans nie im Widerspruch zu den kosmologischen Wahrheiten stehen wird. Aber Missverständnisse bei einem Koranvers oder die Unrichtigkeit moderner wissenschaftlicher Erkenntnisse führen manchmal zu Konflikten. Dafür führen wir im Folgenden ein Beispiel an.

Allah der Nachsichtige sagt:

> Auch die Erde haben Wir ausgebreitet und auf ihr festgegründete Berge angebracht. Und Wir haben auf ihr allerlei Dinge im rechten Maß wachsen lassen. (ebenda 19)

„Ausbreiten" bedeutet „ausdehnen", und wenn wir verstehen, dass die Erde ausgedehnt, also umfangreich ist, begegnen wir einem Konflikt, da wir mithilfe von Raumschiffen sehen können, wie der Erdball sich dreht. Aber Allah sagt in diesem Vers: „die Erde haben Wir ausgebreitet", d.h. „ausgedehnt", und egal wo man gerade auf Erden ist (am Äquator, Südpol, oder Nordpol und in Amerika, Europa oder Asien), kann man die Ausdehnung der Erde sehen. Der Logik nach kann dies nur passieren, wenn der Erde eine Kugelgestalt hat. Wäre die Erde ein reliefartiges Dreieck oder Sechseck oder jede andere beliebige Form, könnte man ihren Rand erreichen und sie nicht mehr sehen. Deswegen erscheint die Erde vor uns im Koran ausgebreitet, erstens, weil wir sie so sehen können und zweitens, weil es ein Beweis für ihre Kugelgestalt ist. Das ist einer der unfehlbaren wissenschaftlichen und sprachlichen Beweise für den Wundercharakter des Korans.

> Weder darf die Sonne den Mond einholen, noch kommt die Nacht dem Tag zuvor. Und jedes Gestirn nimmt seinen Lauf in einer (eigenen) Sphäre. (36 Ya-Sin 40)

Auf der Erde kann also die Sonne den Mond nicht einholen, und die Nacht kann den Tag nicht überholen. Tag und Nacht treffen sich nicht auf der Erde, weil sie eine Kugel ist. Deswegen ist immer eine Hälfte der Erde hell und die andere dunkel.

Das Gehen auf der Erde

Den Wundercharakter der Schöpfung belegen noch andere Koranverse, die uns exakte Berichte über die Geheimnisse des Himmels und der Erde liefern. Lesen wir zum Beispiel diesen Vers:

Sprich: Zieht auf der Erde umher und schaut, wie das Ende derer war, die (die Botschaft) für Lüge erklärt haben. (6 Das Vieh 11)

In diesem Vers steht im Arabischen wörtlich, dass wir *in* und nicht *auf* der Erde umherziehen. Hier stellt sich die Frage, weshalb an dieser Stelle die falsche Präposition *in* anstatt der richtigen *auf* steht. Es ist wissenschaftlich wahr, dass wir in der Erde gehen, weil die Erde eine Atmosphäre hat. Wir können die Kugelgestalt der Erde nur sehen, wenn wir die Erdatmosphäre verlassen. Flugzeuge fliegen also „in der Erde", Raumschiffe aber können die Erdatmosphäre verlassen. Das hat der Koranvers richtig erklärt.

Kapitel 5

Die Materiellen Beweise

Dieses Kapitel führt mehrere Punkte an, die sich auf eine Konferenzreihe mit dem Titel „Der wissenschaftliche Wundercharakter des Heiligen Koran" beziehen, die in einigen islamischen Ländern abgehalten wurde. Viele Beispiele wurden den Werken der teilnehmenden nicht muslimischen Forscher entnommen, die keinen Zusammenhang zwischen Religion und Wissenschaft knüpfen. Hier ist auch erwähnenswert, dass alle entsprechenden Berichte und Forschungsmaterialien auf Kassette oder Film aufgezeichnet worden sind.

Der Embryo

Das, was die Welt erst im 20. Jahrhundert über die Embryonalentwicklung entdeckt hat, steht im Koran seit vierzehn Jahrhunderten. Damals wusste man auf der ganzen Welt nichts über den Embryo, aber man konnte die folgenden Worte des Schöpfers im Koran darüber lesen:

> Und wahrlich, Wir schufen den Menschen aus einem entnommenen Ton. Dann machten Wir ihn zu einem Tropfen in einem festen Aufenthaltsort. Dann schufen Wir den Tropfen zu einem Embryo, und Wir schufen

den Embryo zu einem Fötus, und Wir schufen den Fötus zu Knochen. Und Wir bekleideten die Knochen mit Fleisch. Dann ließen Wir ihn als eine weitere Schöpfung entstehen. Gott sei gesegnet, der beste Schöpfer! (23 Die Gläubigen 12-14)

Forscher haben den Ton, aus dem der Mensch erschaffen wurde, chemisch analysiert. Sie haben entdeckt, dass der Körper des Menschen aus 18 Elementen besteht, unter anderem Eisen, Kalium und Magnesium.

Bei einer anderen Konferenz hielt der kanadische Professor Keith L. Moore einen Vortrag zu seinen Büchern über die Embryologie. Er ist einer der renommiertesten Forscher auf diesem Gebiet, Leiter der Anatomie-Abteilung der Universität von Toronto in Kanada und Leiter des amerikanischen Embryologie-Forschungsverbundes (*American Association of Researchers in Embryology*). Er demonstrierte auch die neuesten Instrumente in der Embryonalentwicklung, die denen im Koranvers genau glichen. Auf die Frage, ob es dem Propheten möglich gewesen sei, diese Details der Embryonalentwicklung zu kennen, sagte er: „Das ist unmöglich, denn wir selbst wussten das erst zu Beginn des 20. Jahrhunderts. Selbst die Schritte dieser Entwicklung sind noch nicht so genau beschrieben wie im Koranvers." Er fügte auch hinzu, dass dieser Fall ein Beweis der prophetischen Sendung Mohammeds sei. Weitere Koranverse zeigen die Phasen der Embryonalentwicklung auf, und die Ergebnisse neuer Forschungen stehen dem nicht entgegen.

Der Himmel und die Erde haben den gleichen Ursprung. Allah der König spricht:

Haben denn diejenigen, die ungläubig sind, nicht gesehen, daß die Himmel und die Erde eine einzige Masse waren? Da haben Wir sie getrennt und alles

Lebendige aus dem Wasser gemacht. Wollen sie denn
nicht glauben? (21 Die Propheten 30)

Dieser Vers wurde Dr. Alfred Kroner vorgestellt, einem der berühmtesten Geologen, die an dieser Konferenz teilnahmen. Er war verwundert und glaubte nicht, dass diese Wahrheit in einem vierzehn Jahrhunderte alten Buch stehen könnte. Dies war erst einige Jahre zuvor mit modernsten Instrumenten und durch komplizierte und zeitaufwendige Forschung auf dem Gebiet der Kernphysik entdeckt worden.

Nachdem der Mensch die Mondoberfläche betreten hatte, wurde klar, dass die Mondoberfläche die gleichen Elemente wie die Erdoberfläche hatte. Sogar die Struktur der Gesteine auf der Erdkruste ist die gleiche wie die der Mondoberfläche. Beide haben also den gleichen Ursprung, und das steht seit 14 Jahrhunderten im Koran. Und warum nicht? Das sind die Worte des Schöpfers.

Mohammed, der Prophet Gottes, spricht nicht seine persönliche Meinung aus. Was er sagt, ist eine inspirierte Offenbarung. Einige Überlieferungen des Propheten haben auch Wundercharakter, obwohl er Analphabet war.

In einem Hadith (Überlieferung) heißt es:

Die Stunde wird nicht eintreten, bis auf den arabischen
Boden Flüsse und Wiesen wiederkehren.

Dr. Kroner wurde gefragt, was für eine wissenschaftliche Wahrheit dieser Hadith beinhalte. Daraufhin antwortete er: „In der ersten Eiszeit war dieses Gebiet, der arabische Boden, reich an Flüssen und Wiesen." Auf die Frage, ob dies jemals wieder passieren würde, antwortete er: „Ja, laut wissenschaftlicher Forschungsergebnisse. Die zweite Eiszeit hat bereits begonnen. Erste Phasen zeigten sich in den letzten Jahren in

Europa mit dem neuen eisigen Winter sowie den Schneestürmen. Die Schneemassen am Nordpol haben bereits begonnen, sich langsam nach Süden zu bewegen. Das bedeutet, dass sie immer auf arabischem Boden sein werden. Es war vor einigen Jahren in Saudi-Arabien wunderbar, als es dort zum ersten Mal seit vielen Jahrhunderten schneite. Die Temperatur lag mehrere Grad unter Null. Als Dr. Kroner gefragt wurde, wer dem Propheten dies gesagt hätte, antwortete er: „Das kann nur eine Offenbarung des Himmels sein."

Wir stellen dasselbe fest, wenn es um den Himmel geht.

An einer Konferenz nahm auch Dr. Strauch teil, eines der bekanntesten NASA-Mitglieder (*National Aeronautics and Space Administration*, die Weltraumbehörde der USA). Er berichtete, dass viele Metalle im Mittelpunkt vieler Laboruntersuchungen stehen, aber Eisen uns die größten Schwierigkeiten bereitet. Die Sonne benötigt viermal so viel Energie, um die Elektronen und Neutronen in ihrem Eisenkern zu vereinen. Deshalb kann Eisen nicht auf der Erde entstanden sein, sondern wurde anderswo erzeugt. Der folgende Koranvers wurde Dr. Strauch vorgelesen:

> Und Wir haben das Eisen herabkommen lassen. In ihm ist heftige Schlagkraft und vielerlei Nutzen für die Menschen. (57 Das Eisen 25)

Daraufhin sagte er: „Diese Worte können nicht vom Menschen stammen!"

Man findet auch Wunder in den Tiefen der Ozeane. Es wurde bereits festgestellt, dass sich die Ozeane in ihren spezifischen Eigenschaften voneinander unterscheiden. Auch wenn sich zwei Ozeane vermischen, bleiben die Eigenschaften ihrer Gewässer fest, wie z.B. Salzgehalt, Temperaturen, Sauerstoffgehalt, Dichte und Farbe. Der Grund dafür ist die neutrale Trennung zwischen den beiden Ozeanen. Dies ist das

Ergebnis intensiver, satellitengestützter Arbeit an vielen Stationen auf den Ozeanen. Dies erklärte der Deutsche Professor Schreider. Als er den folgenden Koranvers hörte,

> Er hat die beiden Meere zugleich entstehen lassen, die zusammentreffen, Zwischen denen aber eine Schranke steht, daß sie nicht überlaufen. (55 Der Erbarmer 19-20)

überlegte er kurz und sagte: „Das ist das Wort Gottes."
Ein tiefes Meer, Woge über Woge, Finsternisse, eine über der anderen.

In einem Koranvers heißt es:

> Oder (sie sind) wie Finsternisse in einem tiefen Meer, das von einer Woge überdeckt ist, über der eine Woge liegt, über der wiederum eine Wolke liegt: Finsternisse, eine über der anderen. Wenn er seine Hand ausstreckt, kann er sie kaum sehen. Und wem Gott kein Licht verschafft, für den gibt es kein Licht. (24 Das Licht 40)

Dies sind neue wissenschaftliche Wahrheiten, wie Professor Durgarua erklärte. Als Ergebnis der Forschung auf dem Gebiet der Meeresgeologie ist es erst seit achtzig Jahren möglich, mit modernsten Geräten tief in den Ozean zu tauchen. In 200 Metern Tiefe ist es sehr dunkel: „Dunkelheit in einem unergründlichen Meer." Je tiefer wir in das Meer eintauchen, desto mehr sehen wir, wie die sieben Spektralfarben nacheinander verschwinden. In 200 Metern Tiefe verschwindet die letzte Farbe, Blau, und es wird dunkel. In dem Vers heißt es: „Finsternisse, eine über der anderen."
Die Wellen, die wir sehen können, sind auf der Wasseroberfläche;

die, die wir nicht sehen können, sind im Ozean. Im Vers heißt es: „eine Woge, über der eine Woge liegt." Über diesen Koranvers sagte Professor Durgarua: „Vorher konnte der Mensch das nicht wissen. Das sind die Worte Gottes." Ist das nicht der Beweis dafür, dass der Schöpfer diesen Vers ausgesprochen hat? Mohammed war kein Fachmann und zu seiner Zeit wusste man nichts über dieses Thema. Er hätte dies nicht sagen können, da er es selbst nicht wusste und weil sich das später durch die Wissenschaft als falsch herausstellen könnte. Das sind die Worte Gottes, die die Wissenschaft immer wieder beweist. Im Namen Allahs, des Erbarmers, des Barmherzigen: „Wir werden sie an den Horizonten und in ihnen selbst unsere Zeichen sehen lassen."

Kapitel 6

Und Jedes Ding Hat Einen Beweis

Der Koran ist sowohl ein klarer Weg als auch ein Wunder. Der Weg ist das, was Allah uns für das Leben und die Anbetung erklärt, und was das Leben des Propheten zeigt. Diese Offenbarung ist jedoch nicht das einzige Wunder in diesem Buch. Sonst gäbe es darin nichts Neues. Ihr ewiges Wunder ist, dass jede Generation etwas Neues darin findet. Der Koran zeigt auch das Wissen und den Willen Gottes, denn er enthält nur wenige seiner Geheimnisse, die er erklären will. So sollen der Anfang der Schöpfung, die Art, wie das Leben fortdauert, und das Ende des Lebens, oder der Tod, Geheimnisse bleiben. Wir sehen, wie Gott das Leben erschafft und nimmt, bis zur Auferstehung, bevor die Ewigkeit beginnt. Aber wie? Das wissen wir nicht. Wir glauben nur.

Allah der Allwissende erlaubt uns nur zu wissen, was im Koran steht, den er bis heute bewahrt. Allah hat den Koran vor dem geschützt, was mit anderen heiligen Büchern geschehen ist. Allah spricht:

> Wir, ja Wir haben die Ermahnung hinabgesandt, und Wir werden sie gewiß bewahren. (15 Hidjr 9)

Ja, labt euch an der Barmherzigkeit Gottes. Die wichtigsten Getränke für den Menschen sind Wasser und Milch. Durch die Kraft

Allahs, des Versorgers, regnet Wasser vom Himmel und wir erhalten Milch von den Tieren. Allah der Bewahrer sagt:

> Einen Grund zum Nachdenken habt ihr in den Herdentieren. Wir geben euch von dem, was in ihrem Leib zwischen Kot und Blut ist, zu trinken, reine Milch, a für die, die (sie) trinken. (16 Die Bienen 66)

Wir können ohne den Willen Gottes niemals ein Glas Wasser oder einen Tropfen Milch mit wissenschaftlichen mitteln herstellen. Dasselbe gilt für fast alle anderen Getränke, die wir ohne die Säfte von Früchten nicht herstellen können.

Die Heilung und Allmacht Allahs

Im Koran sagt Abraham: „Und, wenn ich krank bin, mich heilt" (26 Die Dichter 80). Aber ist es nicht wahr, dass der Arzt uns heilt?

Es ist wahr, dass Heilung nur mit dem Willen Gottes geschieht. Die Ärzte behandeln nur, was bedeutet, dass die Fähigkeit des Arztes, als Mensch zu denken, auch zu Fehlern und mitunter zum Tod führen kann. Dies wird nur durch den Willen des Schöpfers aller Gründe bestimmt. Das bedeutet nicht, dass wir nicht nach Heilung und Medizin suchen sollten. Der Prophet sagt: „Lasst euch behandeln!" Und das ist wahr, weil Gott den Menschen das Denken erlaubt, und er hat die Gründe und Methoden in Erwägung gezogen, weil die Menschheit in diesem Leben nur einen Teil ihrer Arbeit getan hat. Aber das, was mit dem „Sein" zu tun hat, ist nur dem Willen Gottes des Vertrauenswürdigen zu verdanken.

Es gibt überall Beweise für die Gegenwart Gottes – im Ursprung der Sprache, der Wissenschaft, der Geschichte und im täglichen Leben. Achten Sie auf die Worte Allahs:

> Der mich erschaffen hat und mich nun rechtleitet, Und der mir zu essen und zu trinken gibt Und, wenn ich krank bin, mich heilt, Und der mich sterben läßt und dann wieder lebendig macht, (26 Die Dichter 78-81)

Am Ende stellt sich die Frage, ob dieses Buch uns in unserem Glauben an die Existenz und die Ewigkeit des Schöpfers der Himmel und an das, was dazwischen liegt, bestärkt Dieser kleine Anteil an materiellen Beweisen kann die göttliche Natur des Korans beweisen. Dies ist ein Koran; das heißt eine lesbare Botschaft, für die ganze Menschheit. Diese Heilige Schrift Gottes beweist auch die Tatsache der prophetischen Sendung Seines letzten Gesandten an uns alle, Mohammed; Friede sei mit ihm.

LITERATURVERZEICHNIS

Die englischsprachigen Verse des Koran wurden aus „The Qur'an, English Translation and Parallel Arabic Text" von M. A. S. Abdel Haleem, 2004, 2010 entnommen, Herausgeber: Oxford University Press (OUP).

ISBN 978-0-19-957071- 3

Glossar

- Der Schöpfer: Der elfte der neunundneunzig Namen Allahs.
- Der Barmherzige: Der zweite der neunundneunzig Namen Allahs.
- Der Einzigartige, der Einzige: Der vierundsechzigste der neunundneunzig Namen Allahs.
- Der Mächtige: Der neunundsechzigste der neunundneunzig Namen Allahs.
- Der Allgegenwärtige, der Allumfassende: Der fünfundvierzigste der neunundneunzig Namen Allahs.
- Der Schaffende, der Verwirklichende: Der zwölfte der neunundneunzig Namen Allahs.
- Der Verborgene, der Innere: Der sechsundsiebzigste der neunundneunzig Namen Allahs.
- Der Stellvertreter, der Vertrauenswürdige: Der zweiundfünfzigste der neunundneunzig Namen Allahs.
- Der Beschützer: Der dreiundsechzigste der neunundneunzig Namen Allahs.
- Der Geber und Verleiher: Der sechzehnte der neunundneunzig Namen Allahs.
- Der alles Bestimmende: Der siebzigste der neunundneunzig Namen Allahs.
- Der Zeuge: Der fünfzigste der neunundneunzig Namen Allahs.

- Der Inhaber der Souveränität: Der vierundachtzigste der neunundneunzig Namen Allahs.
- Der Voranstellende, der Vorwärtsbringer: Der einundsiebzigste der neunundneunzig Namen Allahs.
- Der Vorteil gebende, der Wohltäter: Der zweiundneunzigste der neunundneunzig Namen Allahs.
- Der Leitung gebende, der Führende: Der vierundneunzigste der neunundneunzig Namen Allahs.
- Der Großartige: Der dreiunddreißigste der neunundneunzig Namen Allahs.
- Der Kundige: Der einunddreißigste der neunundneunzig Namen Allahs.
- Der Nachsichtige, der Mitfühlende: Der zweiunddreißigste der neunundneunzig Namen Allahs.
- Der König: Der dritte der neunundneunzig Namen Allahs.
- Der Bewahrer: Der achtunddreißigste der neunundneunzig Namen Allahs.
- Der Versorger: Der siebzehnte der neunundneunzig Namen Allahs.
- Der Weise: Der sechsundvierzigste der neunundneunzig Namen Allahs.
- Das Licht: Der dreiundneunzigste der neunundneunzig Namen Allahs.
- Der Barmherzige, der Gnadenreiche: Der zweite der neunundneunzig Namen Allahs.
- Der Allwissende: Der neunzehnte der neunundneunzig Namen Allahs.

„Hadith": Arabischer Begriff für die Aussprüche des Propheten Mohammed.

Lightning Source UK Ltd.
Milton Keynes UK
UKHW011845290720
367378UK00001B/19